Der Rupertiwinkel

Ein gesegneter Landstrich

Impressum:
1. Auflage

A-5152 Michaelbeuern, Breitenlohe 43
Tel. 0043 / (0)6274 / 2990-13
Fax 0043 / (0)6274 / 2990-4
E-Mail: foto@panorama-verlag.at
Website: www.panorama-verlag.com

Herausgeber:
Stadt Laufen in Zusammenarbeit mit den Gemeinden des Rupertiwinkels und dem Historischen Verein Rupertiwinkel e.V.

Konzept und Koordination:
Stefan Feiler

Heimatkundliche Beratung und Durchsicht:
Hans Roth

Lektorat:
Bernhard Graf

Dank:
Herzlichen Dank für die Unterstützung bei der Umsetzung an die Gemeinden und ansässigen Tourismusverbände, insbesondere der Stadt Laufen.

Die Texte im Hauptteil wurden von den Gemeinden gestellt und vom Kulturamt Laufen redigiert.

Titelbild:
St. Coloman Kirche mit Tachinger See,
Christian Schickmayr

Bildnachweis aller Aufnahmen des Innenteils im Anhang

ISBN: 978-3-902429-81-0

Printed in Germany, Juli 2010
OrtmannTeam GmbH, 83404 Ainring

Der Rupertiwinkel

Ein gesegneter Landstrich

SEIT 1810 BEI BAYERN

Panorama-Verlag

DER TAG ERWACHT IM RUPERTIWINKEL

Die Wiesen duften noch nach frisch gemähtem Gras, wenn der Morgennebel die Landschaft freigibt. Das Schnaufen der Milchkühe und das Zwitschern der Vögel sind noch die einzigen Geräusche, welche die Seele zum Baumeln bringen. Und wenn Du Glück hast, spielt der Wind mit dem Laub der Bäume eine leise Hintergrundmusik.

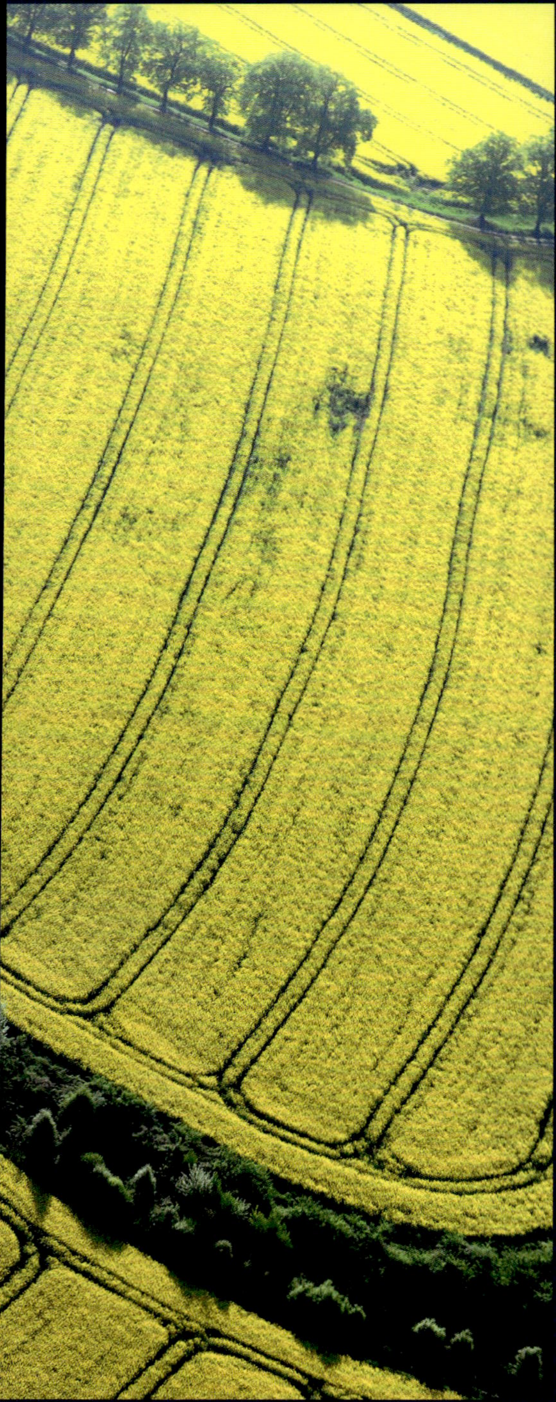

MORGENSTIMMUNG BEI WEILDORF

Wie mit dem Maßband hat der Bauer das Rapsfeld bestellt. Die Sonne verwandelt das grelle Gelb der Blüten in golden glitzernde, wogende Felder, die im Wonnemonat Mai die Landschaft beherrschen.

SCHÖNRAMER FILZ

Das zur Gemeinde Petting gehörende Moorgelände ist zu jeder Jahreszeit ein Naherholungsgebiet für die einheimische Bevölkerung. Im Sommer ein Paradies für Wasservögel, im Winter ein Tummelplatz für Freizeitsportler auf dem Eis.
Das 150 ha große Hochmoor wurde durch jahrelangen Torfabbau, Entwässerung und Verheidung arg im Mitleidenschaft gezogen.
Seit 1990 wird es systematisch renaturiert und entfaltet wieder seine ursprüngliche Schönheit.

AM ABEND KEHRT STILLE EIN

Wo sich tagsüber Urlauber und Badegäste in großer Zahl tummeln, kehrt am Abend beschauliche Stille ein. Der Waginger See – ein warmer und windgeschützter Badesee mit intakten Ufern – ist gemeinsam mit dem im Norden verbundenen Tachinger See Zentrum des Sommertourismus und beliebtes Tagesziel der Rupertiwinkler.

Alz
Tyrlaching
Tittmoning
Palling
Taching
Fridolfing
Traun
Kirch-
anschöring
Laufen
Waging
Wonneberg
Petting
Surberg
Saaldorf
Salzach
Frei-
lassing
Teisendorf
Ainring
Anger
Saalach
Piding

Inhaltsverzeichnis

Böllerschützen im Land vor den Bergen.

Der Rupertiwinkel
Ein gesegneter Landstrich

SEIT 1810 BEI BAYERN

Hans Roth · Stefan Feiler · Maria Hafner · Dr. Thomas Birner

1. Das Land vor den Bergen

Im äußersten Südosten Oberbayerns, geradezu vor den Toren Salzburgs, liegt – inmitten herrlicher Natur – der Rupertiwinkel. 1810 wurde das 634 Quadratkilometer große Gebiet westlich von Saalach und Salzach dem Königreich Bayern zugesprochen. Davor hatte der Rupertiwinkel über ein Jahrtausend hinweg zu Salzburg gehört. Der gesegnete Landstrich war wegen seines Weinbergklimas eine wichtige Kornkammer des Fürsterzbistums gewesen. Doch die von sanften Hügeln, Wiesen, Feldern und Seen geprägte Gegend hat mehr zu bieten als bäuerliche Lebensart. Sie ist ein uralter Kulturboden. Schon die Kelten, Römer und Bajuwaren besiedelten das Land. Zahlreiche Baudenkmäler, kunsthistorische Schmankerl, überlieferte Traditionen und Brauchtumsveranstaltungen machen auch heute noch die bewegte Geschichte lebendig. Als Namenspatron hält der Heilige Rupertus, seines Zeichens der erste Bischof von Salzburg (um 650–718), seine schützende Hand über dieses „Land vor den Bergen".

Die Pflege von Brauchtum und überkommenen Werten nimmt im Rupertiwinkel heute noch einen hohen Stellenwert ein. Nicht nur, dass alte Flurdenkmäler wie Kapellen, Bildstöcke, Wegkreuze oder auch Totenbretter und Marterl vielerorts sorgfältig instand gehalten werden – immer wieder werden neue errichtet, als sichtbare Zeichen religiöser Einkehr und Andacht sowie als Ausdruck des Dankes. Alte Bräuche und Rituale sind im Rupertiwinkel noch lebendig – und zwar nicht nur in Form von folkloristischen Darbietungen für Touristen, sondern als gelebte Traditionen, die mit Leib und Seele zelebriert werden. Vieles steht dabei mit dem kirchlichen Jahrkreis in engem Zusammenhang: Adventliches „Kletzeigehen" und „Frauentragen", Nikolaus und Christkindl, Sternsinger, „Ausräuchern" am

Abend vor Heiligdreikönig, Kerzensegnung an Maria Lichtmess, Blasius-Segen („einblasln"), Aschenkreuz („einaschln"), Palmbuschen binden und Palmprozession, Fußwaschung, Karfreitagsratschen, Erstkommunion, Wallfahrten, Flurumgänge, Maiandachten, Fronleichnamsprozession, Kräuterbüschlbinden zum Frauentag, Erntedank und Kirchweih, Leonhardiritt, Martinszug und einiges mehr. Doch auch so manches eher weltliche Brauchtum erfreut sich ungebrochen großer Beliebtheit: Aperschnalzen, Philippigehen, Maibaumaufstellen (oder vorheriges Stehlen desselben), das Abbrennen von Sonnwendfeuern sowie zahlreiche Arten von Vereinsfesten, die im gesamten deutsch-österreichischen Kultur- und Sprachraum weit verbreitet sind (Feuerwehrfeste, Schützenfeste, Bierzelte etc.).

Der Rupertiwinkel reicht von Asten bis Piding (Nord-Süd) und von Freilassing bis Tyrlaching (Ost-West). Im Durchschnitt weist das Gebiet eine Länge von 40 Kilometern und eine Breite von 15 Kilometern auf. Der höchste Punkt des Rupertiwinkels liegt auf dem Teisenberg (1334 Meter Seehöhe), sein tiefster Punkt im Norden bei Tittmoning (Nonnreit) auf 368 Metern.

Sonnenaufgang im südlichen Rupertiwinkel (Surtal), im Hintergrund das östliche Salzburger Bergpanorama (v.r.n.l.: Gaisberg, Schafberg, Schober)

Heute befinden sich auf dem Gebiet des historischen Rupertiwinkels – der keine offizielle Verwaltungseinheit mehr bildet – 17 eigenständige Gemeinden. Diese werden im vorliegenden Buch kurz vorgestellt. Die örtlichen Charakteristika und Besonderheiten sind von einer beeindruckenden Unterschiedlichkeit und Vielfalt – und dennoch ist eines unverkennbar: Es sind alles typische Rupertiwinkel-Orte. Und der Rupertiwinkel lässt sich nur verstehen, wenn man ihn vor dem Hintergrund seiner uralten Verbundenheit mit der geistlichen und weltlichen Metropole Salzburg betrachtet. Denn es war Salzburg, das die Geschichte, die Kultur, die Wirtschaft und das Leben der Bevölkerung im heutigen Rupertiwinkel durch viele Jahrhunderte unverwechselbar bestimmt und nachhaltig geprägt hat. Auch die Sprache, ein wesentliches Merkmal der Identitätsstiftung, ist im Rupertiwinkel zutiefst salzburgisch geprägt.

2. Die Rupertiwinkler Mundart

Im Großen und Ganzen wird im Rupertiwinkel die gleiche westmittelbairische Mundart gesprochen wie im übrigen Bayern. Die tausendjährige Zugehörigkeit zu Salzburg hat der Rupertiwinkler Mundart jedoch eine ganz eigene Prägung verliehen. Auf den Dörfern hört man zumindest von den Älteren heute noch den alten Salzburger Dialekt, während sich in den größeren Gemeinden und in den Städten inzwischen die oberbayerische Umgangssprache durchgesetzt hat („vui" statt „vie", „Dia" statt „Diu", „kuazz" statt „kuiz" usw.).

Wie der Sprachforscher Prof. Ingo Reiffenstein von der Universität Salzburg festgestellt hat, ist die altsalzburgische Sprache im Rupertiwinkel am besten erhalten – besser als in Salzburg selbst. Im Wortschatz und in der Aussprache ist die Salzburger Herkunft bis heute deutlich zu erkennen.

Diese Besonderheit in der Sprachlandschaft lässt sich gut erklären. Durch die Grenzziehung entlang von Saalach und Salzach im Jahre 1816 wurde die Gegend dem weiteren Einfluss der entstehenden Großstadt Salzburg entzogen. Andererseits lag der Rupertiwinkel ganz am Rande des neuen Staatsgebietes und so weit entfernt von seiner neuen Hauptstadt München, dass er seine Salzburger Eigenart noch lange beibehielt.

Als Beispiel sollen einige Wörter dienen, die zwar zum Teil veraltet, aber alle auch im salzburgischen Flachgau heute noch bekannt sind, wenn sie auch inzwischen teilweise anders gesprochen werden: doagg = überreif, weich; gama = das Haus hüten; Houhgschei = Vollmond; kniuchzn = kauern, unbequem knien.

Mundart und Brauchtum bewahren regionale Identität (hier eine Kindergruppe des Gebirgstrachtenerhaltungsvereins Edelweiß aus Kirchanschöring/Roth)

In der Rupertiwinkler Mundart haben sich mittelalterliche Laute und Wortformen erhalten, so das althochdeutsche iu, das sich auch in der mittelhochdeutschen Sprache noch häufig findet, aber im Laufe der Zeit oft zu einem ui abgewandelt wurde. Johann Andreas Schmeller, der in den Jahren 1816 bis 1837 sein berühmtes Bayerisches Wörterbuch schuf, hat 1821 diese sprachliche Besonderheit im bayerischen Sprachraum nur für das Salzachgebiet verbucht. Einige Beispiele: driu – drui = drei; Fiua – Fuia – Feia = Feuer; Fliug – Fliog – Fliag = Fliege; Kiu – Koi = Kinn; niu – nui – nei – neu.

Diese Umstellung des Doppellautes erfolgte in erster Linie wegen der leichteren Aussprache. Sie wurde aber auch angewandt, um die Bedeutung der einzelnen Wörter leichter erkennbar zu machen. So wechselt der Doppellaut in einer Reihe von Wörtern je nach Wortart oder grammatikalischer Verwendung: Wuischt = Wurst, Wiuscht = Würste; Wuim = Wurm, Wium = Würmer; Duischt = Durst, diuschten = dürsten; kuiz = kurz, kiuzza = kürzer.

Auch in der Aussprache des i-Lauts mit nachfolgendem „l" unterscheidet sich die Rupertiwinkler Mundart von den übrigen bayerischen Sprachlandschaften. Im regionaltypischen Dialekt fällt das „l" ganz aus, während es westlich und nördlich des Rupertiwinkels im Zwielaut ej bzw. ui aufgeht: wid – wejd – wuid = wild; vie – vej – vui = viel; Mih – Mejh – Muih = Mühle.

Die baierische Mundart ist generell reicher an Doppellauten als die Hochsprache. Dadurch erhält sie ihre charakteristische Klangfarbe und Lautfülle. Während das Hochdeutsche mit vier Doppellauten auskommt, gibt es im Bairischen elf. Eine Besonderheit bildet die Rupertiwinkler Mundart mit insgesamt dreizehn Doppellauten, von denen sechs auch noch nasaliert (durch die Nase) gesprochen werden.

Eindeutig nachweisbar ist der Einfluss der lateinischen Sprache auf die Mundart im Rupertiwinkel. Durch die Römer fanden zahlreiche lateinische Begriffe ihren Weg zunächst in das Althochdeutsche und von dort über das Mittelhochdeutsche in den heutigen Wortschatz. Wenn früher die Fuhrleute und Bauern ihre Zugtiere zum Abfahren antrieben, sagten sie „Wia!" und verwendeten dabei das lateinische Wort „via" (Straße, Weg). Vermutlich steckt auch im Wort „Bua" das lateinische „puer" (Knabe). Eine ganze Reihe von Lehnwörtern aus dem Lateinischen ist sogar in der Mundart deutlicher als solches erkennbar als im Hochdeutschen: lat.: beccus = Schnabel – bair.: begga – hochdeutsch: picken; ceresia – Keasch – Kirsche; fascia – Fasch – Binde; germen = Keim – Geam – Germ (Hefe); radix – Radi – Rettich; scamellum – Schamal – Schemel; tegula – Degl, Ziagl – Tiegel, Ziegel.

Getreu seinem Motto „Mundart ist kein Defizit, sondern ein Privileg – sie ist Ausdruck der Heimat" setzt sich der Förderverein Bairische Sprache und Dialekte, Landschaftsverband Rupertiwinkel e.V., für den Erhalt der Mundart im Allgemeinen und des Rupertiwinkler Dialekts im Besonderen ein. Denn mit der Sprache bleibt immer auch ein Stück regionaler Identität und Geschichte lebendig.

3. Die Geschichte des Rupertiwinkels seit 1810

Beginnen wir mit einem kurzen Rückblick auf die Ereignisse während der napoleonischen Zeit und der nachfolgenden Trennung des Rupertiwinkels vom Mutterland Salzburg.

Es war eine Zeit nie erlebter politischer Umwälzungen mit wechselndem Kriegsglück der konkurrierenden Staaten, die kurzlebige Bündnisse eingingen und einen gierigen Länderschacher betrieben. Im Dezember des Jahres 1800, nach der Schlacht bei Hohenlinden, besetzten die Franzosen zum ersten Mal das Erzstift Salzburg mit all den damit verbundenen Bedrängnissen für die Bevölkerung. Unter dem Kanonendonner Napoleons zerbrach schließlich die scheinbar so fest gefügte Institution des Heiligen Römischen Reiches Deutscher Nation. Mit dem 1803 in Regensburg verabschiedeten Reichsdeputationshauptschluss gingen neben den Reichsstädten auch die geistlichen Herrschaften, wie das Hochstift Salzburg, unter. Deren Territorien wurden zum Spielball der Mächtigen, die für Landverluste entschädigt oder für ihre Gefolgschaft an der Seite Napoleons belohnt sein wollten.

Dieses Schicksal erfuhr auch das ehemalige Erzstift Salzburg. Den letzten geistlichen Landesherrn, Fürsterzbischof Hieronymus Graf Colloredo, der das Land seit 1772 regierte, löste 1803 als weltlicher

Herrscher der besitzlos gewordene Bruder des österreichischen Kaisers, Großherzog Ferdinand von Toskana (1769–1824) ab. Salzburg wurde zu einem „Kurfürstentum" erhoben und von dem Habsburger moderat regiert. Allerdings nur bis 1805, denn die Franzosen besetzten zum zweiten Mal das Land Salzburg. Nach dem „Pressburger Frieden" kamen Salzburg und Berchtesgaden 1806 an das Kaiserhaus Österreich. Aus dem honorigen „Kurfürstentum" war nun ein bescheidenes „Herzogtum" geworden und Salzburg sank zur unbedeutenden Provinz im großen Kaiserreich ab – ohne repräsentative Hofhaltung, worüber die Kaufmannschaft klagte, dafür wurden Papiergeld und Zahlenlotto eingeführt.

Aber auch diese österreichische Herrschaft währte nicht lange, nur drei Jahre. Denn Kaiser Franz I. erklärte am 9. April 1809 dem Frankreich Napoleons den Krieg. Bereits Ende des Monats zogen die verbündeten französischen und bayerischen Truppen in die Stadt Salzburg ein und verwalteten das Land mehr schlecht als recht auf Kosten der Staatskasse zu Lasten der ohnehin darbenden Bevölkerung. Während die Schlachten von Aspern und Deutsch-Wagram geschlagen wurden, entbrannte im Gebirgsland von Salzburg und Tirol der zähe Verteidigungskampf gegen die Fremdherrschaft, wo an den Pässen abwechselnd gesiegt und wieder verloren wurde. Die „Gebirgsschützen" wahren noch die Erinnerung an die Ereignisse von 1809, die 2009 Anlass zu würdigen und selbstbewussten Gedenkveranstaltungen gaben.

Wiederum folgte ein Regierungswechsel. Am 14. Oktober 1809 wurde im Frieden von Schönbrunn das Land Salzburg mit Berchtes-

Salzburg, die Mutter des Rupertiwinkels, hier in einem Stich aus dem Jahre 1791.

gaden dem Königreich Bayern zugesprochen, dabei gingen dem Land das Gericht Windisch-Matrei, das Ziller- und Brixental verloren, dagegen wurde das Innviertel und ein Teil des Hausruckviertels mit Salzburg vereinigt.

Das Land Salzburg wird 1810 bayerische Provinz

Die Übernahme des Salzburger Landes durch das Königreich Bayern erfolgte erst am 30. September 1810. Obwohl die bayerische Herrschaft in Salzburg nur fünf Jahre und sieben Monate dauerte und dann mit der Grenzziehung 1816 wieder endete, erfolgten während dieser kurzen Zeit einschneidende Veränderungen in der Gesetzgebung und Verwaltung des Landes entsprechend des von dem führenden Münchner Staatsminister Graf Montgelas zentralistisch geprägten bayerischen Königreichs. Der Zugewinn an Land und Bevölkerung wurde dem schon seit 1808 bestehenden „Salzachkreis" angegliedert und die Kreisverwaltung von Burghausen nach Salzburg verlegt. Dieser „Salzachkreis" bestand neben dem Land Salzburg und Berchtesgaden aus den bisher schon bayerischen Landgerichten Simbach, Burghausen, Traunstein und Reichenhall sowie aus den ehemaligen österreichischen Gerichtsbezirken im Inn- und Hausruckviertel. Damit war eine Mittelbehörde in der Funktion unserer heutigen Bezirksregierungen geschaffen worden. An deren Spitze stand als Generalkommissar Karl Graf von Preysing-Hohenaschau, die Repräsentationspflichten nahm als „Generalgouverneur des Salzach- und Innkreises" der im Schloss Mirabell residierende Kronprinz Ludwig wahr, womit das Königshaus in Salzburg präsent war.

Zwar wurde zum Jahresende 1810 durch Bayern die Universität aufgelöst, worüber nicht nur die Kaufmannschaft in Salzburg klagte, noch gewöhnungsbedürftiger für die konservative Bevölkerung war die Einführung eines neuen Steuersystems und die Änderung im Justizwesen nach bayerischem Vorbild. Positiv dagegen wirkten sich die Verbesserungen im Schul- und Gesundheitswesen aus.

Der Heilige Rupertus, erster Bischof von Salzburg (650–718), Namenspatron des Rupertiwinkels, mit Salzfass in der linken und Bischofsstab in der rechten Hand.

Für den Salzburger Gebietsanteil galt es vor allem die Verwaltung neu zu organisieren. Die bisherigen Pfleggerichte wurden 1811 in Landgerichte umbenannt, deren Wirkungskreis zum Teil eine beachtliche räumliche Erweiterung erfuhr. Schon 1805 war unter der kurfürstlichen Regierung das kleine Pfleggericht Staufeneck aufgelöst und zwischen Teisendorf und Laufen aufgeteilt worden. 1811 wurde auch das bisherige Pfleggericht Waging aufgelöst und mit Teisendorf vereinigt. Der Laufener Gerichtsbehörde wurden noch die Pfarr-

sprengel im Innviertel, nämlich St. Pantaleon, Moosdorf, Franking, Haigermoos und Ostermieting zugewiesen.

Schon das Jahr zuvor waren die Finanzen von der Verwaltung abgetrennt und dafür eine eigene Behörde geschaffen worden: Die Rentämter – diese Bezeichnung für das heutige Finanzamt war noch bis 1920 offiziell üblich! Als Rentamt für den Landgerichtsbezirk Laufen diente die „Almsche Behausung", wo sich die Nebenstelle des Finanzamtes Berchtesgaden noch heute befindet. Für die Gerichtsbezirke Teisendorf und Tittmoning wurde ein Rentamt in Waging etabliert, sozusagen als „Trostpflaster" für den verlorenen Pfleggerichtssitz, das aber nicht lange die Wunde heilte, denn bereits 1816 wurde das Waginger Rentamt mit Laufen vereinigt. Es gab noch eine Reihe administrativer Veränderungen. So wurde für die Verwaltung der vielen wohltätigen Stiftungen und des Kirchenvermögens eine eigene „Stiftungsadministration" geschaffen, die in Tittmoning ihren Sitz hatte und die zweckgebundenen Gelder hortete, statt sie ihrer eigentlichen Bestimmung zuzuführen.

Die Kreisregierung in Salzburg, aber noch mehr das Ministerium des Äußeren und Inneren in München wollten genau informiert sein über die politischen, wirtschaftlichen, religiösen, medizinischen Verhältnisse in den Landgerichten bis hin zur Bauweise, der Nahrung der Bewohner und der Zahl totgeborener Kinder. Dazu mussten die Landrichter umfangreiche jährliche Berichte nach einem detaillierten Fragenkatalog liefern, die sich allerdings als sehr unterschiedlich erwiesen. So mancher Schreiber mag ob des bürokratischen Arbeitsaufwands geflucht haben. Für uns dagegen bieten diese Berichte einen lebensnahen Einblick über Handel und Gewerbe, Viehzucht, Getreideanbau und die Gesundheitsvorsorge. Diese Statistiken, auf welche der Minister Montgelas großen Wert legte, boten nicht zuletzt die Grundlagen für die Vermessung des Landes, zur Festlegung der Steuerdistrikte und 1818 zur Bildung von Gemeinden.

Damit sollte nur ein kurzer Einblick in die Neuorganisation der Verwaltung zu Beginn der bayerischen Ära geboten werden. Freilich, das politische Geschehen und die kriegerischen Ereignisse bewegte die Menschen weit mehr als spröde administrative Maßnahmen. Denn Bayern stand noch fest an der Seite Napoleons. Es kam 1812 zu dessen Russlandfeldzug. Bayern stellte 35.000 Soldaten, darunter war auch das „Regiment Kronprinz" aus dem Salzachkreis. Nur 1100 Mann kehrten aus dem so verlustreichen Krieg nach Bayern zurück, wie viele in den Salzachkreis oder in den heutigen Rupertiwinkel, das wissen wir nicht, es dürften nur wenige gewesen sein.

Die Katastrophe des Russlandfeldzugs löste für Bayern und den Salzachkreis eine weitere Kriegsgefahr aus. Eine militärische Auseinandersetzung zwischen Österreich und dem Königreich Bayern, das noch zum geschlagenen Korsen Napoleon hielt, schien unausweichlich. Der bayerische General Wrede zog mit 26.000 Mann nach Braunau, denn ein österreichisches Armeekorps stand bereits an der Traun. Ein Angriff auf Salzburg war zu befürchten, weshalb Wrede den Belagerungszustand für Salzburg verordnete, denn die Österreicher umklammerten inzwischen Bayern mit 420.000 Mann. Um die Stadt Salzburg zu schützen, wurden nicht nur die Salzachbrücken in Burghausen und Laufen abgetragen, sondern in Laufen vor dem Unteren Stadttor und auf dem Altacher Berg umfangreiche Verteidigungsbauten errichtet, was im Fall eines feindlichen Angriffs unschwer die Beschießung und damit Zerstörung der Stadt Laufen bedeutetet hätte.

Aber soweit kam es nicht. Nach langer Unentschlossenheit verließ Bayern am 8. Oktober 1813 mit dem „Rieder Vertrag" den Rheinbund und damit die Gefolgschaft Napoleons und verbündete sich mit Preußen, Russland und Österreich. Zwei Wochen darauf kam es zur Völkerschlacht bei Leipzig und der vernichtenden Niederlage Napoleons. Es folgte der Winterfeldzug in Frankreich, der Einmarsch der verbündeten Truppen in Paris, die Absetzung Napoleons. Schon

bei den ersten Friedensverhandlungen in Paris im Mai 1814 wurden Saalach und Salzach als künftige Grenze zwischen Österreich und Bayern bestimmt. Bei den nachfolgenden hitzigen und zähen Verhandlungen während des Wiener Kongresses wollte weder Österreich noch Bayern auf das Land Salzburg verzichten. Ein langes Hin und Her, das schließlich wieder mit einer militärischen Kraftprobe gelöst werden sollte. Wiederum standen sich im Winter 1815/16 bayerische und österreichische Armeen an der Grenze gegenüber, bedrohten sich gegenseitig. Wiederum wurde die Laufener Salzachbrücke abgetragen, um einen Einmarsch der Österreicher zu verhindern.

Dem Kaiser Franz I. riss nach der offenkundigen Verzögerungstaktik der bayerischen Diplomaten die Geduld und er stellte seinen Staatsminister, den Fürsten Metternich, vor die Alternative, entweder Salzburg für Österreich zu sichern oder seinen Dienst zu quittieren. Der Bayern zwar wohlwollend gesonnene Metternich tat, was von ihm verlangt wurde und erreichte den Verzicht Bayerns auf Salzburg, mit Ausnahme Berchtesgadens und des links von Saalach und Salzach gelegenen Landstrichs.

Die Grenzziehung am 1. Mai 1816

Für die Stadt Laufen war die Grenzziehung ein harter Schlag, weil sie nun durch Schlagbäume an der Brücke von ihren bevölkerungsreichen Vorstädten Altach und Oberndorf getrennt war. Ein harter Schlag nicht nur für die Familien von Hüben und Drüben, sondern auch in wirtschaftlicher und sozialer Hinsicht. Denn der Grundbesitz vieler Laufener Bürger lag drüberhalb. Nicht nur dies! Die Einnahmen aus zinspflichtigen Bauerngütern bis hinein in die Gastein, bestimmt für die Kirche und mildtätige Stiftungen, blieben bis in die 1840er Jahre hinein gesperrt und brachten diese Einrichtungen in große finanzielle Schwierigkeiten. Auch die Stadt Laufen hatte ihren Waldbesitz, den Haggenwald, bei Maria Bühel, der nun unbeaufsichtigt den Oberndorfer Schiffern zur willkommenen kostenlosen Holzversorgung diente. Es galt nicht nur gemeinsamen Besitz zu trennen, für Oberndorf musste eine eigene Pfarrei geschaffen werden, aber es fehlte bis 1853 ein eigenes Pfarrhaus, der Pfarrer wohnte in Maria Bühel, der Hilfspriester Joseph Mohr im Mesnerhaus neben der St. Nikolaus-Kirche. Was die Menschen beiderseits der Salzach wohl am bittersten traf, war die Tatsache, dass die ein- und ausgeführten Waren für den täglichen Gebrauch nun zu verzollen waren.

Im Rupertiwinkel befinden sich einige traditionsreiche Brauereien.
Hier: Belegschaft der Brauerei Sigerstetter, Laufen, anno 1910.

Die Salzburger Erzbischöfe gründeten zahlreiche Klöster im Rupertiwinkel.
Hier: Padres aus dem Kapuzinerkloster Laufen, anno 1957.

Veränderungen in der Verwaltung des Rupertiwinkels nach 1816

Durch die Grenzziehung verlor das Landgericht Laufen nicht nur zwei Drittel an Fläche, sondern auch an Bevölkerung. Die Zahl der Familien verminderte sich von 3014 auf 884, an „Seelen", wie man damals sagte, von 16.000 auf 4000 Personen. Von 25 Steuerdistrikten war es auf 8 geschrumpft. Das Landgericht Laufen glich einem „mageren Skelett", wie es Landrichter Wintrich bezeichnete. Es stellte sich sogar die Frage das Landgericht Laufen dem Landgericht Teisendorf anzugliedern. Laufen wäre dadurch zur völligen Bedeutungslosigkeit abgesunken. Aber es kam anders. Bei der Neuformation der Verwaltung wurde 1818 das Landgericht Teisendorf aufgelöst und mit Laufen vereinigt; nur die Steuerdistrikte Anger, Högl und Piding wurden abgetrennt und dem Landgericht Reichenhall zugeordnet. Vom Landgericht Tittmoning erhielt Laufen noch den Steuerdistrikt Kirchanschöring, denn Petting lag im Landgericht Laufen, die Filialkirche Kirchanschöring dagegen im Landgericht Tittmoning.

Das Jahr 1861 brachte für Bayern die Trennung der Rechtspflege von der Verwaltung und die Einführung der Notariate. Die Landgerichte Laufen und Tittmoning, nun ausschließlich Gerichtsbehörden, wurden 1879 in Amtsgerichte umbenannt. Die Verwaltung für beide Gerichtsbezirke nahm nun eine neue Behörde, das „Bezirksamt", mit Sitz in Laufen wahr, seit 1945 mit der Bezeichnung „Landratsamt". In der zweiten Hälfte des 19. Jahrhunderts erfolgten nur geringfügige Korrekturen an den Verwaltungsgrenzen. So wurde das Dorf Roidham der Gemeinde Kirchweidach dem Landgericht Burghausen zugewiesen, 1879 die Gemeinden Heiligkreuz und Lindach von Laufen dem Bezirksamt Traunstein zugeteilt. 1970 schlossen sich die Gemeinden Kapell und Lauter mit Surberg zusammen und wechselten daher vom Landkreis Laufen in den Landkreis Traunstein.

Die Landkreisreform des Jahres 1972

Bis dahin repräsentierte der Landkreis Laufen mit geringen räumlichen Abweichungen noch das ehemalige erzstiftisch-salzburgische Territorium links von Saalach und Salzach – eine Verwaltungseinheit, die selbst Graf Montgelas, der „Baumeister des modernen bayerischen Staates", in ihren historisch gewachsenen Grenzen fortleben ließ. Der südliche Teil des Landkreises Laufen wurde dem neugebildeten Landkreis Berchtesgadener Land zugeteilt, der nördliche Teil mit der Stadt Tittmoning und dem Markt Waging dem

Der Siegeszug der Eisenbahn bedeutete das Ende der Salzachschifffahrt.
Hier: Bahnbau Mühldorf–Freilassing, anno 1907.

Im Rupertiwinkel lebt schon seit jeher eine gute alte Wirtshaustradition.
Hier: Stammtisch beim Wirt zu Steinbrünning, anno 1910

Landkreis Traunstein angegliedert, die Gemeinde Tyrlaching aber dem Landkreis Altötting einverleibt. Damit wurde eine historisch gewachsene Verwaltungseinheit mit ausgeprägter kultureller Eigenständigkeit zerschlagen.

Der Begriff „Rupertiwinkel"

Als Rupertiwinkel wird heute jener Landschaftsraum bezeichnet, der bis 1803 zum Erzstift Salzburg gehörte und bis zur Landkreisreform 1972 identisch mit dem Landkreis Laufen war. Die kulturräumliche Bezeichnung als „Rupertiwinkel" ist keineswegs so alt, wie man glauben möchte. Sie taucht erstmals 1898 in einer Anzeige im „Laufener Wochenblatt" Nr. 102 als „Rupertus-Winkel" auf, womit die Geistlichkeit aus dem alt-salzburgischen Gebiet zu einer Versammlung nach Waging eingeladen wurde. Mit dieser Bezeichnung kommt die Verbundenheit mit dem ehemaligen Bistumspatron, dem hl. Rupertus, zum Ausdruck, die trotz der Landesgrenze bis heute noch fortwirkt. Noch heute wird in vielen Pfarrkirchen der Rupertustag am 24. September mit einem Abendgottesdienst festlich begangen; bis in die Nachkriegszeit war der „Ruperti", wie man gemeinhin zu sagen pflegte, ein sog. Bauernfeiertag. Dieser frühere Bistumsheilige ist in unseren Kirchen auf Altarbildern und Deckengemälden, als Plastiken unübersehbar präsent, während der neue Bistumspatron der Erzdiözese München und Freising, der hl. Korbinian, hier nie recht heimisch geworden ist.

Im frühen 20. Jahrhundert wandelte sich der Begriff von „Rupertus-Winkel" zum „Rupertiwinkel" und gilt neben seiner historischen Präsenz für das geographische Dreieck entlang von Saalach und Salzach – analog dem Pfaffenwinkel oder dem Lamerwinkel im Bayerischen Wald. Weniger überzeugend, aber inzwischen weit verbreitet und strapaziert erweist sich der Begriff „Rupertigau", denn die Region war im strengen Sinn kein eigener „Gau", sondern gehörte bis zur Grenzziehung 1816 zum „Salzburger Flachgau". Die jahrhundertelange Zugehörigkeit zu Salzburg hat den Rupertiwinkel geprägt und heute noch ist die Nähe zu Salzburg – auch wirtschaftlich – ein unbestreitbarer Standortvorteil.

4. Kurzbetrachtung der Wirtschaftsregion Rupertiwinkel

Der Rupertiwinkel liegt mitten im Gebiet der EuRegio Salzburg – Berchtesgadener Land – Traunstein, welches sich seit der Osterweiterung der Europäischen Union am 1. Mai 2004 gewissermaßen im „Herzen Europas" befindet. Dieser Wirtschaftsraum mit dem Oberzentrum Salzburg hat damit eine wirtschaftsgeographisch herausragende Position inne.

Die Wirtschaft im Rupertiwinkel ist heute geprägt von weltweit tätigen High Tech-Unternehmen aus den Bereichen Spritzguß, Metallbearbeitung, Maschinenbau, Industrieprodukte, Anlagentechnik, Automotive, Hochfrequenztechnik, Chemie und Elektrotechnik sowie Logistik. Die Unternehmen sind überwiegend kleine und mittelständische Betriebe mit starker Innovationskraft, einem sehr gut ausgebildeten Mitarbeiterstamm und höchster Qualität als Erfolgsfaktoren. Viele der Unternehmen sind sogenannte „Hidden Champions" in ihrem Branchenumfeld, oft mit einer führenden Rolle im Weltmarkt oder in der technologischen Ausrichtung. Die stark mittelständisch und familiengeführte Struktur der Betriebe bewährt sich auf Grund ihrer relativen Börsenunabhängigkeit nicht zuletzt in Zeiten, die von Turbulenzen an den internationalen Finanzmärkten gekennzeichnet sind. So waren die Auswirkungen der globalen Finanzkrise in der Region weniger dramatisch als in anderen Gebieten Bayerns.

Den zahlreichen Landwirtschaftsbetrieben kleinerer und mittlerer Größe kommt eine wichtige, da landschaftsgestaltende Funktion zu. Im Bereich Handwerk und Gewerbe sowie auf dem Dienstleistungssektor ist im Rupertiwinkel das gesamte gängige Angebotsspektrum abgedeckt. Eine wichtige Rolle spielen auch – besonders in Laufen – Kultur, Kunst und Bildung. Die zahlreich stattfindenden Veranstaltungen können nicht nur als Wohlfühlfaktor für die Region

verstanden werden, sondern stellen auch einen nicht zu unterschätzenden Wirtschaftsmotor dar. Neben den Darbietungen aus den Bereichen der bildenden und darstellenden Künste sind in diesem Zusammenhang speziell die Lehr- und Forschungsprojekte der Bayerischen Akademie für Naturschutz und Landschaftspflege zu erwähnen.

Die Region mit hoher Lebensqualität in unmittelbarer Nähe zu Salzburg und den Freizeit- und Tourismusregionen der Landkreise Traunstein (Chiemsee) und Berchtesgadener Land (Watzmann, Königsee) bietet ein ideales Arbeits- und Wohnumfeld für hochqualifizierte Fachkräfte. Mit einer ausgezeichneten Infrastruktur hat die Region ideale Zugänge zu den Weltmärkten und europäischen Metropolen. In unmittelbarerer Nähe ist dies der Flughafen Salzburg, die Autobahnen München-Salzburg, Salzburg-Wien und Salzburg-Villach (Tauernautobahn) sowie zwei Bahnmagistralen zwischen München, Wien und Südosteuropa. Mit leistungsfähigen Schienengüterverkehrsverbindungen über Freilassing ist der Rupertiwinkel eine wichtige Logistikdrehscheibe nach Süd- und Südosteuropa. Die FH Rosenheim, die TU München und die Universität bzw. Fachhochschule Salzburg bieten als renommierte Hochschulen in unmittelbarer Nachbarschaft ausgezeichneten Fachkräftenachwuchs und Kooperationsmöglichkeiten im Forschungsumfeld.

Der Rupertiwinkel ist also in vielerlei Hinsicht ein wahrlich gesegneter Landstrich. Nicht nur die landschaftliche Schönheit, die fruchtbaren Böden und die reiche Kulturgeschichte, sondern auch vielfältige wirtschaftliche und bildungspolitische Aspekte machen das südöstliche Oberbayern vor den Toren Salzburgs zu einer Region mit besten Perspektiven für das 21. Jahrhundert. Kurz gesagt: Im Rupertiwinkel lässt es sich einfach richtig gut leben.

5. „Rupertiwinkel-Bewusstsein"

Das vorliegende Werk möchte dazu beitragen durch Erinnerung an die ehemalige, historisch bedingte Zusammengehörigkeit und durch kurze, aber prägnante Darstellung der heutigen Situation wieder ein Rupertiwinkel-Bewusstsein der Bewohner dieses Landschafts- und Kulturraumes zu schaffen bzw. ein solches zu vertiefen. Denn gerade heute, in einer globalisierten Welt, ist die Besinnung auf die vertraute kleinräumige Lebens- und Erfahrungswelt wichtig, die den Menschen Halt gibt und Verantwortung für ihre Umwelt tragen lässt.

Mit Salzhandel, Landwirtschaft und Erzabbau fing alles an, heute ist der Rupertiwinkel eine Wirtschaftsregion mit besten Perspektiven.
Links eine Salzachplätte 1571 (Votivbild im Kreuzgang der Laufener Stiftskirche), rechts Eisenverhüttung im Achtal (Historische Ansicht aus dem Bergbaumuseum Achtal).

Ainring

Eine starke Gemeinschaft

Ainring in Kürze	
Landkreis	Berchtesgadener Land
Einwohnerzahl	10.000
Fläche	3.295 ha
Höhe ü. NN	420–790 m
Eingemeindete Orte:	
	ehemalige Gemeinde Straß (1970)

Die Gemeinde liegt im Herzen des Rupertiwinkels – zwischen der Festspiel- und Mozartstadt Salzburg und dem Höhenzug ihres „Hausberges“, dem Högl. Ainring ist anerkannter Luftkurort in der Biosphärenregion Berchtesgadener Land und eine beliebte Urlaubsgemeinde, aber auch ein interessanter Standort für wirtschaftliche Unternehmen. „Dort arbeiten zu können, wo andere Urlaub machen“, war schon immer ein besonderes Privileg.

Zahlreiche archäologische Funde bezeugen eine kontinuierliche Besiedelung seit der Jungsteinzeit über die Kelten und Römer bis in das frühe Mittelalter. Im ältesten Güterverzeichnis, der „Notitia Arnonis“, wird Ainring als „Ainheringa“ im Jahre 788 erstmals erwähnt.

Mit der Gründung des Eisenwerkes in Hammerau durch den Salzburger Erzbischof Matthäus Lang 1537 wurde der Grundstein für die wirtschaftliche Entwicklung gelegt. Ainring ist seither Stahlstandort. Darüber hinaus boten seinerzeit die Verarbeitung des Högler Sandsteins, die Betätigung in der Landwirtschaft und die Holzverarbeitung den Einwohnern sichere Arbeitsmöglichkeiten. Heute prägen innovative Branchen wie Stahlveredelung, Automobiltechnik, Feinmechanik, Wellness und Gesundheitsvorsorge sowie eine nachhaltige, bäuerliche Landwirtschaft die Ainringer Wirtschaft.

1934 wurde im heutigen Mitterfelden der Flughafen Reichenhall-Berchtesgaden eröffnet und 1939 zum nicht aktiven Luftwaffenfliegerhorst umfunktioniert. Heute befindet sich auf diesem Areal das Fortbildungsinstitut der Bayerischen Polizei.

↑ Erste 18-Loch Golfanlage im Berchtesgadener Land in Ainring-Weng.

↗ Das neue Biomasseheizkraftwerk: Umweltfreundliche Energie aus nachwachsenden Rohstoffen.

↖ Filialkirche am Ulrichshögl – letzte Station des Ainringer Kreuzweges.

← Ainringer Theatersommer auf dem neuen Freilichttheatergelände in Ainring.

Nach dem Zweiten Weltkrieg fanden rund 2.000 Heimatvertriebene in Mitterfelden ein neues Zuhause. Dadurch entwickelte sich dieser Ort zum bevölkerungsreichsten Gemeindeteil.

Durch das Gemeindegebiet führen rund 100 km Wanderwege, z.B. auch ein Erlebnisweg im Ainringer Moos. Das 251 Hektar große Ainringer Moos am Nordfuß des Högl bildet mit dem Peracher Moos den größten Niedermoor-Komplex im bayerischen Alpenvorland. Seit 1995 ist es Landschaftsschutzgebiet. Durch großflächigen Einstau ehemaliger Frästorfflächen entwickelte sich nun nach wenigen Jahren ein Feuchtlebensraum von überörtlicher Bedeutung mit einer großen Vielfalt auch seltener Wasservogelarten, wie Kiebitz, Reiher, Teichhühner etc. Der Besucher kann heute nachhaltige Eindrücke der bäuerlichen und der industriellen Torfnutzung sowie von der gelungenen Neuschaffung eines mit allen Sinnen erlebbaren sekundären Moor-Lebensraumes erhalten. Hierzu wurde ein Moor-Erlebnisweg mit Aussichtsturm geschaffen, ebenso ein kleines Torfmuseum.

Wichtige Daten:

788 – erste urkundliche Erwähnung
1537 – Gründung des Eisenwerkes in Hammerau
1920 – Gründung der Bayer. Landestorfwerke Ainring
1933 – Bau des Flugplatzes in Mitterfelden
1958 – Inbetriebnahme der zentralen Trinkwasserversorgung
1963 – Einweihung des neuen Schulhauses in Thundorf
1965 – Einweihung des Feuerwehrhauses in Ainring
1967 – Ainring erhält das Prädikat Luftkurort
1967 – Eröffnung des Ainringer Schwimmbades
1970 – Zusammenlegung der Gemeinden Ainring und Straß
1971 – Inbetriebnahme des Fernheizwerkes
1972 – Einweihung der Hauptschule Mitterfelden
1987 – Einweihung des Rathauses in Mitterfelden
1995 – Eröffnung des generalsanierten Ainringer Erlebnisbades
1995 – Eröffnung des Golfplatzes im Ortsteil Weng
1998 – Eröffnung der 2 ½-fach Sporthalle Mitterfelden
2002 – Einweihung der Hammerauer Brücke über die Saalach
2005 – Neuordnung der Abwasserreinigung in Zusammenarbeit mit der Gemeinde Wals-Siezenheim und dem Reinhalteverband Salzburg

Wallfahrtskirche Mariä Himmelfahrt in Feldkirchen in der Gemeinde Ainring mit dem Hochstaufen im Hintergrund.

2006 – Eröffnung des Moor-Erlebnisweges mit Wiederaufbau der Feldbahn

2007 – Eröffnung des Papst-Benedikt-Kreuzweges

2007 – Eröffnung „Haus der Kultur" in Ainring

2007 – Inbetriebnahme des Biomasseheizkraftwerks

2010 – Neubau einer Kinderkrippe mit Jugendraum

2010 – Errichtung des Freilichttheaterplatzes mit Dorfpark unterhalb der Ainringer Kirche

Persönlichkeiten aus der Geschichte Ainrings:

Wolfgang Hagenauer (1726–1801), Architekt

Johann Baptist Hagenauer (1732–1811), Bildhauer

Johann Georg Hagenauer (1748–1835), Architekt

Franz Wisbacher (1849–1912), Dichter

Professor Georg Erler (1871–1950), Maler

↗ Einst Regierungsflughafen Berchtesgaden-Reichenhall und Forschungsstandort für Luft- und Raumfahrttechnik – heute die größte Neuansiedlung im Berchtesgadener Land nach dem 2. Weltkrieg: Mitterfelden mit 4300 Einwohnern.

→ Der Bayerische Finanzminister Georg Fahrenschon besichtigt das Stahlwerk Annahütte. Das Unternehmen ist Weltmarktführer im technischen Stahlbau.

↑ Die Ainringer Kirche im Winter.

↖ Panoramablick über den Ulrichshögl in Ainring.

↑ Golfvergnügen vor traumhafter Kulisse.

← „Bockerlbahn" im Ainringer Moos, beliebt bei Jung und Alt.

Die Gemeinde Ainring steht heute – nach den sieben Buchstaben ihres Namens – für:

Aktive Bürger: Jede Gemeinschaft, jedes Gemeinwesen lebt vom Engagement der Beteiligten und nicht von der Anzahl der Zuschauer. Über 60 Vereine und Initiativen organisieren in Ainring das gesellschaftliche Leben, setzen sich ein für die Sicherheit, pflegen Traditionen, Musizieren, Tanzen, spielen Theater, Fußball, Tennis, kümmern sich um Mütter, Kinder, Senioren, Spielplätze und vieles mehr.

Innovativ: Ainring war schon immer Innovationsstandort. Ob Stahlveredelung (Ainring ist einer von drei Stahlstandorten in Bayern!) oder Nanotechnologie, ob Automobiltechnik, Logistik, Wellness und Gesundheitsvorsorge oder Aerosolmesstechnik, Handwerk und Landwirtschaft: Die Gemeinde ist froh über alle ihre aktiven Unternehmen und deren tüchtige Mitarbeiter!

Natur: Der Umwelt- und Naturschutz ist der Gemeinde ein wichtiges Anliegen. Es geht schließlich um die Heimat, welche es zu erhalten und bewahren gilt. Das Landschaftsschutzgebiet Ainringer und Peracher Moos, Lebensraum einer großen Vielfalt an Tieren und Pflanzen, das aussichtsreiche Landschaftsschutzgebiet am Högl, die artenreichen Auwälder an den Flüssen, die vielfältigen Bachlandschaften – sie machen Ainring zu einem beliebten Naherholungsgebiet, das geschützt und gepflegt sein will.

Respekt und Achtsamkeit: Das bayerische Motto „Leben und leben lassen", die Liberalitas Bavariae, ist in Ainring tägliche Lebenspraxis. Die Gemeinde sieht sich auch in der heutigen, nützlichkeitsorientierten Zeit den Wertvorstellungen verpflichtet, die über die Alltagsgeschäftigkeit hinausgehen. So lädt z.B. der Ainringer Kreuzweg zu Ruhe und Besinnung ein. Er ist ein von vielen Bürgerinnen und Bürgern ermöglichtes künstlerisch und schön gestaltetes Monument, mit nachdenkenswerten Texten in einer wunderbaren Landschaft.

Integration: Die Zusammensetzung der Ainringer Bevölkerung ist ein lebendiges Beispiel für geglückte Integration. Sudetendeutsche, Schlesier, Spätaussiedler, Preußen, Sachsen, Österreicher und alle anderen. In Ainring sind Neubürger stets willkommen und werden in die Gemeinschaft eingebunden. Niemand soll sich in Ainring fremd fühlen. Ainring bietet Heimat. Ainring ist Heimat.

Nachhaltigkeit: Die Kommunalpolitik setzt auf vorausschauendes Handeln. Durch konsequent sparsames Wirtschaften hat die Gemeinde seit Jahren einen soliden Haushalt. Eine Ausgabenpolitik auf Kosten der nachfolgenden Generationen wird von den Gemeindemüttern und -vätern abgelehnt. Trotzdem bietet Ainring ein modernes Freibad, umweltfreundliche Fernwärme und Strom aus dem nachwachsenden Rohstoff Holz, ein Haus der Kultur und moderne Schulen und Sportstätten sowie familienfreundliche Kinderbetreuungseinrichtungen, um nur wenige Beispiele zu nennen.

Gemeinsam ist man stärker, Zusammenarbeit statt Kirchturmdenken: Auf vielen Gebieten arbeitet die Gemeinde eng mit Nachbargemeinden zusammen, auch grenzüberschreitend, ebenso mit vielen ehrenamtlich engagierten Bürgern – ein erfolgreicher Weg um den Bürgerinnen und Bürger unnötige Kosten zu ersparen. Ungeachtet der 200-jährigen Zugehörigkeit zu Bayern fühlt sich Ainring auch seiner Nachbarstadt Salzburg in vielerlei Hinsicht eng verbunden – kulturell, sprachlich und menschlich…

Hans Eschlberger

Anger

Schön, hier zu sein…

Anger in Kürze

Landkreis	Berchtesgadener Land
Einwohnerzahl	4.245
Fläche	4.591 ha
Höhe ü. NN	558 m (Dorfplatz)
Eingemeindete Orte:	Aufham, Högl (1978)

Blickt man in die Angerer Geschichte, so ist man doch überrascht, wie vielfältig sich das Leben dort abgespielt hat. Schon die Menschen aus der Steinzeit schätzten diesen Platz. Die Römer, wo waren die nicht, und die Franzosen machten diesem Flecken auch ihre Aufwartung, von den Salzburgern ganz zu schweigen.

Im Frühmittelalter wurde der Högl von den Bajuwaren besiedelt. Darauf weisen frühbayerische Ortsnamen rund um den Bergrücken hin, die mit den Silben -ing und -ham enden. Für eine Siedlungskontinuität sprechen die bajuwarischen Reihengräber des 6. bis 8. Jahrhunderts in Anger, Aufham, Piding, Urwies und Mauthausen. Zum weiteren Ausbau dieser Siedlungen dürfte es erst im 9. und 10. Jahrhundert gekommen sein, wofür die Namen der Einödhöfe und Weiler sprechen, die die Endsilben -reit und -point führen. Den Ortsnamen Anger sucht man allerdings in frühen Urkunden vergeblich. Die älteste Form war zweifellos „Pfaffendorf", die in Verbindung mit dem Grafen Witigowo bis in das 9. Jahrhundert zurückverfolgt werden kann. Dieser Name hat sich bis heute erhalten, bezeichnet aber nicht mehr den eigentlichen Ort mit der Kirche, sondern einen Ortsteil der Gemeinde Anger.

Die Nonne Ellanpurg, die dem bayerischen Hochadel entstammt, war offenbar die Stifterin der Kirche zu Pfaffendorf. Nach ihr erhielt der gesamte Ort in den folgenden Jahrzehnten auch den Namen Ellanpurgkirchen. Während noch gegen Ende des 12. Jahrhunderts die Form Ellanpurgkirchen überliefert ist und damit die Erinnerung an die Stifterin der Kirche bestand, ging dieses Wissen in den fol-

← Anger aus der Vogelperspektive.

↙ Die vergoldete Marienfigur auf der Mariensäule am Dorfplatz von Anger.

↓ Fronleichnamsprozession durch Feld und Flur.

↘ Schiffschaukel bei der traditionellen Kirchweih in Anger.

↘ Blick über das Naturdenkmal in der Nähe von Steinhögl auf den Ort Anger.

→ Dorfbrunnen von Aufham, im Hintergrund die Pfarrkirche St. Jakobus.

genden Jahrhunderten verloren. Im 15. Jahrhundert findet sich die Form Elperskirchen, die man nicht mehr zu erklären wusste und deshalb später in Ölbergskirchen umdeutete.

Anger hatte scheinbar zum bayerischen Königshaus einen guten Draht, denn als im Februar des Jahres 1824 König Max I. von Bayern sein 25. Regierungsjahr feierte, wurden ihm zu Ehren auf dem Dorfplatz 25 Linden gepflanzt. Dann kam 1841 König Ludwig I. in den Ort und schwärmte: „Von nun an ist hier das schönste Dorf in meinem Königreich!" – So die mündliche Überlieferung.

Wenn der Reisende sich Anger nähert, dann kann er sich ruhig von dem weithin sichtbaren Kirchturm leiten lassen. Dieser Fingerzeig in grauem Nagelfluh ist so sicher wie das Amen in der spätgotischen Kirche. Und noch eines ist für Anger typisch: Der Dorfplatz mit der 1884 errichteten Mariensäule auf dem großen „grünen Anger". Sie wurde unweit von hier meisterlich im Eisenwerk Achtal gegossen. An sonnigen Tagen strahlt die vergoldete Patrona Bavariae in den blauen bayerischen Himmel, als wolle sie mit der Sonne wetteifern.

Anger kann auf zwei seltene Jubiläumsveranstaltungen, die heute noch durchgeführt werden, zurückblicken. Vor 525 Jahren, am 24. April 1485, verlieh der Administrator des Erzbistums Salzburg und Erzbischof von Gran, Johann Beckenschlager, auf Bitten des Propstes von Höglwörth das Recht bei der Marienkirche zu Anger einen dreitägigen

Markt abzuhalten. Dieser Jahrmarkt sollte jeweils am Tag der Kirchweihe, dem Sonntag Cantate (dem 4. Sonntag nach Ostern), beginnen. Damit sollte für eine ausreichende Verpflegung der zahlreichen Gläubigen, die am Kirchweihfest einen Ablass erbaten, gesorgt sein. Die Einkünfte wurden für eine geziemende Ausstattung und Instandhaltung der Kirche bestimmt. Im Gegensatz zu den meisten anderen Jahrmärkten, die von den Salzburger Fürsterzbischöfen im Laufe von Jahrhunderten verliehen wurden, besteht der Jahrmarkt von Anger – wenn auch nicht mehr als geistliches Fest – noch heute.

In Sichtweite von Anger, inmitten einer herrlichen Landschaft, liegt das ehemalige Augustiner-Chorherrenstift Höglwörth. Und wer um die Osterzeit in die Gegend kommt, der sollte sich eine Rarität nicht entgehen lassen: Das seit dem 17. Jahrhundert nachgewiesene „Heilige Grab". Es ist eines der größten barocken „Herren-Gräber" in Bayern, das alle drei Jahre in Höglwörth errichtet wird.

↖ Das ehemalige Augustiner-Chorherrenstift Höglwörth am Höglwörther See.
Ganz links: Das Herren-Grab oder auch Heiliggrab in der Klosterkirche, diese Darstellung des Grabes Jesu geht zurück auf die Barockzeit und ist in dieser Art eine der größten im bayerischen Raum.
Links unten: Durchgang zum Hof.

← Bildstock beim Anwesen Felber, Högl.

Der Dorfplatz von Anger mit der Kirche Mariä Himmelfahrt, dem „schönsten Dorf in meinem Königreiche", wie es König Ludwig einst nannte.

Das Geheimnis von Tod und Auferstehung des Herrn wird in einer farbenfrohen Szenerie an den Kartagen und am Osterfest Besuchern zugänglich gemacht. Ein faszinierendes Bild schenkt dem Besucher Einhalt und Stille.

Mit einer Breite von 5 Metern, einer Tiefe von 6 Metern und einer Höhe von 8 Metern füllt dieses Grab den gesamten Altarraum der Kirche. Damit wird klar, welch mächtiger Kulissenbau die Darstellung des Todes und der Auferstehung Christi beherbergt. Dazu kommt der vorgezogene Garten „Gethsemane" mit Blumen, Palmen und einem echten Springbrunnen. Hunderte von Öllampen zaubern ein Licht in die Kirche, welche die Blicke in Richtung Grabeshöhle oder Himmel weisen. Diese Lichter beleuchten auch über 80 Glaskugeln, die mit farbigem Wasser gefüllt sind, wodurch flackernder Schein entsteht.

Im unteren Teil der Grabeshöhle liegt die Figur des toten Heilands, der bei der Auferstehungsfeier in herrlicher Darstellung vor dem großen Sonnenrad auffährt. Dieses Sonnenrad, das sich ständig dreht, soll den Himmel des „Herren-Grabes" darstellen, vor dem sich mehrere Engel bewegen. Das Zentrum des hl. Grabes ist eine aufwändige, mechanische Konstruktion. Über der einzigartigen Errichtung schwebt ein riesiges, herrlich rot glänzendes Lichterkreuz.

Schließlich noch eine originelle, einmalige Geschichte: Auch nach der Säkularisation des Erzstifts 1803 bestand unter den rasch wechselnden Regierungen das Augustiner-Chorherrenstift Höglwörth fort. Das wirtschaftlich wohlgeordnete, aber unauffällige und bescheidene Stift Höglwörth, das 1810 bzw. endgültig 1816 an das Königreich Bayern gelangt war, wurde auf Drängen von Propst Gilbert Grab am 30. Juli 1817 durch König Max I. Joseph aufgehoben. Die Klostergebäude erwarb anschließend die Familie des Bierbrauers Wieninger von Teisendorf für 9000 Gulden, die bis heute darin wohnt. Die Kirche wurde zur Filiale der Pfarrei Anger.

Gemeinde Anger

Freilassing

Eng verbunden mit Salzburg

Freilassing in Kürze

Landkreis	Berchtesgadener Land
Einwohnerzahl	rund 16.000
Fläche	14,79 km²
Höhe ü. NN	420 m

Freilassing gehört seit 1810 zu Bayern, hat aber unverändert eine intensive Verbindung mit Salzburg, der früher fürsterzbischöflichen Metropole und heutigen Hauptstadt des gleichnamigen österreichischen Bundeslandes. Dafür gibt es verschiedene Gründe: Die geographische Nähe, wirtschaftliche Interessen und nicht zuletzt die tausendjährige gemeinsame Geschichte von Salzburg, dem einstigen Zentrum der bayerischen Kirchenprovinz, und Salzburghofen, der Wiege Freilassings.

Geringe Entfernung und offene Grenze

Die Nähe Freilassings zu Salzburg drückt sich allein schon durch die enge Verkehrsanbindung aus. Salzburg ist nicht nur mit dem Pkw, sondern auch mit öffentlichen Verkehrsmitteln wie Bus, Bahn und S-Bahn bequem und in kurzer Zeit erreichbar. Ebenso befinden sich Autobahn und Flughafen ganz in der Nähe. Und selbst Radfahrer können die Salzburger Altstadt in einer halben Stunde auf verkehrsarmen Wegen entlang von Saalach und Salzach erobern. Hinzu kommt, dass die Landesgrenze zwischen Bayern und Österreich, zwischen Freilassing und Salzburg, kaum noch wahrzunehmen ist. Es wurde nämlich mit dem Beitritt Österreichs zur Europäischen Union die Grenze für den Warenverkehr am 1. Januar 1995 und für den Personenverkehr am 1. April 1998 geöffnet. Zumal seit dem 1. Januar 2002 der Euro die gemeinsame Währung diesseits und jenseits der Grenze ist, lassen sich In- und Ausland auch anhand der Banknoten nicht mehr unterscheiden.

Wirtschaftliche Interessen

Die wirtschaftlichen Interessen hängen mit der Landesgrenze zusammen. Nachdem das gesamte frühere Erzstift Salzburg 1810 zu Bayern gekommen war, wurde es 1816 zwischen Bayern und Österreich

↑ Freilassing aus der Luft betrachtet.

← Die von der Landesgrenze kommende Salzburger Straße gewährt den Blick auf das Stadtzentrum mit dem markanten Turm der Pfarrkirche St. Rupert.

← Kaum noch merkbare Grenze zwischen Österreich und Deutschland auf der für Fußgänger und Radfahrer freien Rampe des Saalach-Kraftwerks Rott-Freilassing.

↗ Das Salzburger Straßentheater stimmt zu Beginn der Salzburger Festspielzeit auch Freilassing auf das große Ereignis ein.

→ Luftaufnahme des Freilassinger Freibades.

geteilt, Saalach und Salzach wurden als Grenze vereinbart. Der westlich der Flüsse gelegene Landesteil, der Rupertiwinkel, blieb bei Bayern, der östliche mit der Landeshauptstadt kam zu Österreich. Diese Grenzziehung zwischen Freilassing und der Stadt Salzburg zog zwangsläufig unterschiedliche Entwicklungen in den beiden Orten nach sich und bot dem kleinen Weiler Freilassing neue Möglichkeiten. Es gab stets Preisunterschiede, die zu einem Einkauf im jeweiligen Nachbarland anregten, sei es auf offiziellem Weg oder auf Schmugglerpfaden. In jüngster Zeit werden Einkäufer aus Salzburg in Freilassing durch kostenlose Parkplätze, einer Fußgängerzone im Stadtzentrum mit Bauernmarkt und Sonderveranstaltungen angezogen. Die Tourismusbranche wirbt für preisgünstige Quartiere in Freilassing bei unmittelbarer Nähe zu Ferienregionen von hohem Rang, wie die Mozart- und Festspielstadt Salzburg, das Salzkammergut sowie das Berchtesgadener Land mit Watzmann und Königssee. Freilassing selbst bietet ein besonders großzügig angelegtes und beheiztes Freibad sowie den Erholungspark Badylon mit Hallenbad und Sporthalle.

Die Grundlage für die wirtschaftliche Aufwärtsentwicklung von Freilassing bildete aber hauptsächlich der 1860 erfolgte Bau der Eisenbahn von München nach Salzburg und Wien mit der Bahnstation an der Landesgrenze. Es folgten Bahnlinien nach Rei-

↖ Markttag in der Fußgängerzone der Freilassinger Hauptstraße.

↑ Brunnen mit Bronzefiguren am nordseitigen Eingang in die Fußgängerzone.

← Das 1909 errichtete Zentralschulhaus mit der im Vordergrund stehenden Brunnenfigur, die Freilassing zur Stadterhebung 1954 von Salzburg als Patengeschenk erhalten hat. Es ist ein Werk der Bildhauerin Vera von Toncic-Treuburg.

chenhall/Berchtesgaden und Mühldorf/ Landshut. Damit wurde aus Freilassing, dem einstigen bedeutungslosen Ortsteil von Salzburghofen mit nur wenigen Bauernhöfen, ein Eisenbahnknotenpunkt mit Bahnverbindungen in alle vier Himmelsrichtungen. Wirtschaftswachstum und Bevölkerungszunahme waren die Folge. Sie führten dazu, dass Freilassing das ältere Pfarrdorf Salzburghofen überflügelte und der Gemeindename geändert wurde. An die Glanzzeiten der Bahn erinnert heutzutage das Eisenbahnmuseum mit dem Namen Lokwelt, das gemeinsam mit dem in München ansässigen Deutschen Museum betrieben wird und seit seiner Gründung 2004 jährlich an die 25.000 Besucher in seinen Bann zieht. Ergänzend dazu bietet das Stadtmuseum Informationen über Bahn, Zoll und Stadtentwicklung.

↗ Blick auf einen Teil der Gleisanlagen des Bahnhofs Freilassing. Der Bau der Eisenbahn von München nach Salzburg und weiter nach Wien mit der Bahnstation an der Landesgrenze brachte Freilassing 1860 den Aufbruch in eine neue Zeit.

→ „Einblick" in das Eisenbahnmuseum Lokwelt im Rundlokschuppen des ehemaligen Bahnbetriebswerkes Freilassing.

↖ In der Folge des Bahnbaus gründete 1872 der Salzburger Unternehmer Ludwig Zeller den ersten Freilassinger Industriebetrieb: Die Andre-Hofer-Feigenkaffee-Fabrik. Weitere Firmen folgten, die ebenfalls den Gütertransport durch die Bahn in Anspruch nahmen.

← Verwaltungsgebäude sowie ein Produkt der Firma ROBEL Bahnbaumaschinen GmbH. Das Unternehmen ist einer der größten Arbeitgeber und Ausbildungsbetriebe sowie ein bedeutender Gewerbesteuerzahler und Sponsor. Die Firma trägt – wie auch viele andere Firmen – dazu bei, dass Freilassing die wirtschaftlich stärkste Gemeinde des Landkreises Berchtesgadener Land darstellt.

↓ Den Hochaltar der Kirche Mariae Himmelfahrt in Salzburghofen ziert ein spätgotisches Kunstwerk aus der Zeit um 1500: Die Kirchenpatronin mit dem Jesuskind. Der Altarentwurf von 1775 stammt von Wolfgang Hagenauer, einem im Rupertiwinkel geborenen Bauernsohn, der durch Salzburg gefördert wurde und zum Hofbauverwalter des Erzstifts aufstieg.

Nach dem Zweiten Weltkrieg siedelten sich viele Heimatvertriebene an und gaben Freilassing neue Wachstumsimpulse. In den 1960er-Jahren wurde für Freilassing die damals bestehende Grenze zwischen den beiden großen Wirtschaftsblöcken EWG und EFTA von großem Vorteil, weil sich dadurch bedeutende österreichische Firmen in Freilassing niederließen, um am großen EWG-Markt teilzuhaben. Auch sie schufen neue Arbeitsplätze und trugen mit ihrer Steuerkraft dazu bei, dass Freilassing zum wirtschaftlich stärksten Ort des Landeskreises mit rund 16.000 Einwohnern aufstieg.

Tausend Jahre gemeinsame Geschichte

Schließlich beruht die enge Verbindung von Freilassing mit Salzburg auf der tausendjährigen gemeinsamen Geschichte. Dabei wurde Salzburghofen, die Keimzelle von Freilassing, im 6. Jahrhundert besiedelt, was ein bajuwarisches Gräberfeld beweist. Salzburghofen, der *Hof von Salzburg*, entwickelte sich zum Versorgungshof der Salzburger Residenz des Bayernherzogs, kam 908 mit umfangreichem Land sowie wertvollen Rechten an die Salzburger Kirche und erlangte hohe Bedeutung. Salzburg, die Metropole der bayerischen Kirchenprovinz, die Saline Reichenhall als Salzburgs wirtschaftliches Rückgrat und Salzburghofen arbeiteten eng zusammen. Allein der Name von Salzburghofen drückt deutlich die Sonderstellung dieses Ortes aus.

So hängt die Aufwärtsentwicklung von Freilassing eng mit der nach wie vor bestehenden Verbindung mit Salzburg zusammen. Seit 1816 gehört Freilassing zum Rupertiwinkel. Leider war es diesem nicht vergönnt zusammenhängend fortzubestehen. Er fiel 1972 einer Landkreis-„Reform" zum Opfer, die auf historische Wurzeln wenig Rücksicht nahm. Freilassing gehört seither zum Landkreis Berchtesgadener Land. Umso notwendiger ist es die frühere Beziehung des Rupertwinkels zum Erzstift Salzburg nicht zu vergessen und den Namenspatron, den heiligen Rupert, in dankbarer Erinnerung zu behalten, der kurz vor dem Jahr 700 den Grundstein für die erfreuliche Landesentwicklung gelegt hat.

Kurt Enzinger

Fridolfing

Eine Gemeinde mit Tradition und Innovation

Fridolfing in Kürze

Landkreis	Traunstein
Einwohnerzahl	4.133
Fläche	4.423,4 ha
Höhe ü. NN	388 m
Eingemeindete Orte:	Pietling (1972)

Eingebettet in die weiten Flure des Salzachtales liegt eine Gemeinde, in der sich Tradition und Innovation aufs Angenehmste verbinden: Fridolfing. Schon von Weitem sieht man Fridolfings Wahrzeichen: Den „Dom des Salzachtales", die Pfarrkirche Mariä Himmelfahrt – ein imposantes Bauwerk aus rotem Ziegelmauerwerk, erbaut im neuromanischen Stil.

Aus der Geschichte:

Erstmals schriftlich erwähnt wurde Fridolfing im Jahre 1077 – auf einer Regensburger Urkunde von König Heinrich IV., welche unter anderem die Rückgabe einiger Orte (darunter auch Fridolfing) vom Salzburger Erzbischof an das Nonnenkloster Frauenchiemsee festschreibt. Bodenfunde belegen, dass die Besiedlung der Gegend um Fridolfing zumindest bis ins 2. vorchristliche Jahrtausend zurückreicht. 1843 wurden an einer Hangkante des sog. Holzbreitenlandes/Eichleiten in der Nähe des Weilers Fürst Grabbeigaben (ein Glasbecher), Schmuck (ein goldener Handgelenkring) und kostbare Riemenschnallen aus Gold und Almandineinlagen aus dem Frühmittelalter (5. Jh.) gefunden. 1965 fand man den sog. „Hortfund". Teile dieses Fundes aus der Urnenfelderzeit (ca. 1200–800 v. Chr.), der aus Schmuck- und Zweckgegenständen als Weihe- und Opfergaben bestand, sind im Rathaus der Gemeinde ausgestellt.

Die historische Bausubstanz Fridolfings ist von überregionaler Bedeutung:

Das Rathaus (erbaut 1493)

Im Jahre 1992 wurde von der Gemeinde Fridolfing der seit 1959 in Privatbesitz befindliche „alte Pfarrhof" erworben. In den folgenden

Jahren wurde der im weiten Umkreis älteste, schlossähnliche Pfarrhof restauriert, d. h. es wurde die ursprüngliche Raumeinteilung und Raumausstattung wieder hergestellt und als Rathaus eingerichtet. Die Erhaltung des spätgotischen Baukörpers ist ein herausragender denkmal- und heimatpflegerischer Gewinn für Fridolfing und den ganzen Rupertiwinkel.

Die Pfarrkirche Mariä Himmelfahrt – der Dom des Salzachtales

Der imposante Baukörper aus unverputztem Ziegelmauerwerk ist eine dreischiffige Hallenkirche mit einem weit vorspringenden Querhaus, einem eingezogenen Chor und einer abschließenden kegelförmigen Apsis. Das mächtige Stufenportal im Erdgeschoss des Turmes sowie die das Mauerwerk auflockernden Lisenen, Rundbogenfriese, Rosetten und Galerien bestehen aus heimischem Tuffstein. Die marmorierten Pfeiler und Säulenbündel, die lebensgroßen Engel in den Vierpassfeldern, die Rankenmalerei in den Gewölbekappen und die Schablonentechnik bei den bemalten Gurtbögen unterstreichen die Monumentalität des Raumes.

Die spätgotische St.-Johanns-Kirche

Die um 1500 errichtete, spätgotische Filialkirche hatte schon im Hochmittelalter einen romanischen Vorgängerbau. Vom ursprünglichen gotischen Flügelaltar sind die Schreinfiguren, die Figuren der Schreinwächter, die Predella und vier der acht Flügelbilder erhalten und in der Kirche an der Nordwand angebracht.

Die große Besonderheit ist der im Rupertiwinkel sehr selten vorkommende Hochaltar im Renaissance-Stil mit dem großen Altarbild der Kirchenpatrone Johannes der Täufer und Johannes Evangelist und der Aedicula als durchbrochenes, vom Licht der Morgensonne durchflutetes architektonisches Gehäuse mit der Gottesmutter Maria und den Apostelfürsten Petrus und Paulus.

Die Filialkirche St. Martin in Pietling

Die im Jahr 1497 fertig gestellte Kirche ist mit Ausnahme des nach einem Blitzschlag 1738 zerstörten und im barocken Stil erneuerten Turmes ein spätgotischer Baukörper aus unverputztem Tuffstein.

↖ Das neu gestaltete Kriegerdenkmal vor dem Rathaus.

← Die Firma Rosenberger ist der größte Arbeitgeber Fridolfings und ein weltweit anerkanntes Unternehmen, hier eine Luftaufnahme des Betriebsgeländes.

← Sommerfest im Kindergarten.

→ Die St. Martinskirche in Pietling; Im Vordergrund ein ca. 250 Jahre altes Bauernhaus.

↑ Der „Dom des Salzachtales" – die Pfarrkirche Mariä Himmelfahrt.

↖ Der Hochaltar in der St. Johanns-Kirche.

← Religiöses Flurdenkmal südlich von Fridolfing.

↗ Die Salzachklinik der Gemeinde Fridolfing.

Die Filial- und Wallfahrtskirche St. Kolomann

In einer Waldlichtung ca. 5 km südlich von Fridolfing unweit der Ortschaften Berg und Lebenau befindet sich die kleine Wallfahrtskirche. Die Kerbschnitzzeichen am Portal der Kirche und eine freigelegte Rötelzeichnung auf der Südseite zeugen von den vielfältigen Anliegen, weshalb die Menschen hierher ihren Bittgang machten. Der heutige Hochaltar stammt aus der Kirche in Untereching und wurde 1774 in St. Kolomann aufgestellt.

Fridolfing heute:

Fridolfing verfügt als einzige Gemeinde im Rupertiwinkel noch heute über ein Krankenhaus. Die Salzachklinik Fridolfing unter der Trägerschaft der Gemeinde ist ein leistungsfähiges Akutkrankenhaus mit modernster technischer Ausstattung und familiärer Atmosphäre. Das umfangreiche Leistungsspektrum der Klinik mit einer chirurgischen und inneren Abteilung und zwölf Belegärzten gewährleistet eine umfassende, kompetente und wohnortnahe medizinische Versorgung. Neben der 45-Betten-Klinik befinden sich in der Salzachklinik auch ein Notarztstandort und das Labor Synlab für Blutuntersuchungen.

Familienförderung wird in Fridolfing groß geschrieben:

Neben der Ausweisung von kostengünstigen Baugebieten für junge Familien und

deren finanzielle Förderung wird in Fridolfing großer Wert auf die pädagogische Betreuung und Förderung von Kindern und Jugendlichen gelegt. Es gibt zwei Kindergärten sowie eine Grund- und Hauptschule (Volksschule Salzachtal). Die Hauptschule ist ein Schulverband der Gemeinden Fridolfing, Kirchanschöring und Tittmoning und verfügt über 12 Regelklassen und 4 sog. M-Zug-Klassen, in denen auch der Erwerb der Mittleren Reife möglich ist. Mit umfangreichen Projekten, Sprachkursen, Sprachreisen und praxisnaher, enger Zusammenarbeit mit den örtlichen Gewerbebetrieben wird den Jugendlichen ein optimaler Start ins Berufsleben ermöglicht. In den neuen Räumen der „Offenen Ganztagsschule" wird den Schülern Mittagsverpflegung, sinnvolle Freizeitgestaltung, Hausaufgabenbetreuung und Ferienbetreuung angeboten.

Fridolfing ist Standort von wirtschaftlich leistungsfähigen Gewerbebetrieben aus den Bereichen Handwerk, Industrie, Handel und Dienstleistungen:

Insgesamt bieten rund 350 Gewerbebetriebe ca. 2000 Personen einen Arbeitsplatz. Die 65 gewerbesteuerpflichtigen Firmen mit einem Gewerbesteueraufkommen von etwa 4 Mio. Euro ermöglichen der Kommune einen sicheren, finanziellen Rahmen, in dem vor allem in den letzten Jahren viele Inves-

Fridolfing aus der Vogelperspektive.

titionen möglich waren, wie z. B. der Bau einer 2,5-fach Turnhalle, die Sanierung und Modernisierungen der Schule, die Errichtung eines neuen Feuerwehrgerätehauses, der Aus- und Neubau von Straßen und Radwegen, die Neugestaltung des Fridolfinger Dorfplatzes usw.

Bekannt sind die Fridolfinger Gewerbebetriebe vor allem durch die großen Firmen, wie z. B. Rosenberger Hochfrequenztechnik, ein Industrieunternehmen in Familienbesitz, das weltweit führender Hersteller von Produkten der Hochfrequenz- und Fiberoptik-Technologie ist. Im Stammhaus Fridolfing sind insgesamt 870 Mitarbeiter beschäftigt. Die Fa. Hermann Otto GmbH, die eine breite Palette von Dicht- und Klebstoffen zur professionellen Verarbeitung im Handwerk und in der Industrie herstellt, ist mit ca. 300 Arbeitsplätzen zweitgrößter Arbeitgeber in der Gemeinde. Viele weitere Betriebe in den örtlichen Gewerbegebieten machen Fridolfing zu einem wichtigen Wirtschaftsstandort.

Umweltbewusst setzt Fridolfing auf regenerative Energiewirtschaft. So wurde Fridolfing 2009 mit dem 2. Preis im Wettbewerb „Sonnenstrom vom Watzmann bis zum Wendelstein" ausgezeichnet und das Energiezentrum Fridolfing, eine Hackschnitzelanlage mit einer Leistung von 800 kW, in Betrieb genommen.

Trotz der zukunftsorientierten Entwicklung hat sich Fridolfing seinen ländlichen Charakter bewahrt. Noch heute gibt es 122 landwirtschaftliche Betriebe, davon 60 Vollerwerbsbetriebe, die eine Fläche von ca. 3000 ha bewirtschaften.

Fridolfing – ein beliebtes Naherholungs- und Urlaubsziel

Der Fridolfinger See mit einer Fläche von 61.000 m^2 und seinem naturnah gestalteten Freizeitgelände, die verschiedensten Wanderwege, Kinderspielplätze und ein Golfplatz sowie die zahlreichen Sportstätten (Turnhallen, Tennisplätze, Eisstockbahnen, Reitplatz, Schießstände, Kegelbahnen usw.) machen eine breitgefächerte, abwechslungsreiche Freizeitgestaltung möglich.

Über 40 Ortsvereine mit ihren zahlreichen Aktivitäten und Veranstaltungen sorgen für ein reges, von Zusammenhalt geprägtes Gemeinschaftsleben, das auch für Urlauber und Besucher deutlich spürbar und erlebbar ist. Der neu gestaltete Dorfplatz von Fridolfing mit seinem ortsprägenden Rathaus ist Symbol für eine Gemeinde mit Tradition und Innovation.

Gemeinde Fridolfing in Zusammenarbeit mit Dr. Matthias Blankenauer

Kirchanschöring

„Do lasst se guat leb'n"

Kirchanschöring in Kürze

Landkreis	Traunstein
Einwohnerzahl	3.180
Fläche	2.523 ha
Höhe ü. NN	417 m
Eingemeindete Orte:	Lampoding (1971)

Die erste urkundliche Nennung als „Ansheringen" und „Lantpoting" ist in der Notitia Arnonis im Jahre 788 überliefert. Der Erzbischof Salzburgs, Arno, sicherte durch diese Notizen seine Besitzungen, die ihm von den Bayernherzögen geschenkt wurden. Der Agilolfinger Herzog Tassilo III. war vom Frankenkönig Karl dem Großen entmachtet und ins Kloster verbannt worden, Bayern wurde zu einer fränkischen Provinz. Der Name, die -ing-Endung weist auf baiuwarischen Ursprung, geht auf einen Ansheri oder Anskar zurück, der sich an der Ache, dem Abfluss des Waginger Sees, mit seinem Gefolge niederließ. Funde aus der Steinzeit und Bronzezeit deuten auf eine frühe Besiedlung hin. Die voralpine Landschaft ist durch die letzte Eiszeit vor ca. 10.000 Jahren geformt. Fischrückenartig geformte Höhenrücken, Drumline genannt, wurden vom Salzachgletscher gebildet und waren beliebte Siedlungsstätten. Die Gletscher hinterließen mehrere Seen, darunter den Waginger-Tachinger See, an dem die Gemeinde Anlieger ist.

Im 16. Jahrhundert findet sich die erste Abbildung als „Antschering" auf einer Landkarte, nach einem Kirchenbau nennt man es Kirchanschöring. Lampoding, der Name geht auf ein Adelsgeschlecht zurück (Lantpotinger), wird zu einer Hofmark mit niederer Gerichtsbarkeit und untersteht Salzburger Adelsfamilien, z.B. den Lodron, die das Schloss von 1631 bis 1835 besaßen. Dieses wurde, nach dem Verkauf durch den letzten Besitzer Joseph Ernst Ritter von Koch Sternfeld, 1852 vollständig abgerissen. Übrig blieben ein Fresko an der Ostseite der Kirche St. Ägidius in Kirchstein, die Schlosskapelle (Eichetkapelle) und das Wappen der Lodron, der Löwe mit dem Brezelschweif.

↑ Hannes Meindl beim Skizzieren einer Stickerei für eine Lederhose.
Die Firma Meindl wurde 1928 von Lukas Meindl gegründet. Er übergab diese an Hannes und Alfons Meindl, die sie zu dem machten, was sie heute ist – ein internationales Unternehmen mit Charakter. Heute kümmern sich deren Söhne Markus (Bekleidung), Lukas und Lars Meindl (Schuhe), um den Ausbau und die Entwicklung der Marke. Produziert wird auch heute noch am Standort Kirchanschöring mit hohem Respekt vor echten alten Werten und in Verbundenheit mit dem Fortschritt des 21. Jahrhunderts.

↖ ca. 1910 – Bahnhof und Bahnhofgaststätte.

← ca. 1950 – Lackneranwesen. Bei der Schafherde war ein schwarzes Schaf nötig, um die graue Wolle zu erhalten.

Nach der Niederlage Napoleons und der Auflösung des Erzbistums Salzburg, zu dem das Dorf gehörte, kam es zum Land Bayern, zum Rupertiwinkel. Der Steuerdistrikt Kirchanschöring zählte damals rund 800 Einwohner und 175 Häuser, Lampoding ca. 250 Bewohner. Die Filiale, vorher zu Petting gehörig, wurde 1922 selbständig.

Am Krieg 1870/71 nehmen zehn Kirchanschöringer teil, die alle unversehrt bleiben. Im Ersten Weltkrieg fallen 47 Kirchanschöringer, im Zweiten Weltkrieg lassen 153 Bürger ihr Leben, 40 Männer gelten als vermisst. Nach diesem Krieg kommen etwa 355 Heimatvertriebene und Flüchtlinge und 20 „Ausgebombte" in die Gemeinde.

1971 wird Lampoding, eine bis dahin eigenständige Gemeinde, eingemeindet und 1972 kommt, nach Auflösung des Landkreises Laufen, die Kommune zum Landkreis Traunstein. Drei Jahre später entsteht das Wappen: Die silberne Rose erinnert an das Geschlecht der Lampodinger und die Seelenwaage an den Kirchenpatron St. Michael.

1976 muss aufgrund einer Gebietsreform in Bayern die Gemeinde eine Verwaltungsgemeinschaft mit Fridolfing eingehen, erlangt aber auf dem Rechtsweg wieder die Selbstständigkeit.

↗ St. Ägidius Kirche, Kirchstein.

→ Ortseinfahrt von Westen.

↑ Blick über den Ort, im Hintergrund der Waginger See, Lampoding, Kirchstein.

← Kirchanschöring mit St. Michaelskirche.

↗ Sonnwendfeuer

→ Dampfdreschen im Bauernhofmuseum.

1989 baut Kirchanschöring eine Mehrzweckhalle nach ökologischen Grundsätzen und erhält dafür den Bayerischen Umwelt – (LBS) Landespreis. Durch eine moderne Kläranlage und Gewässerrenaturierung wird dem Umweltgedanken Rechnung getragen.

In den Jahren 1994 bis 2008 wurde im Rahmen der Dorferneuerung bei aktiver Mitwirkung der Bürgerinnen und Bürger in Zusammenarbeit mit dem Amt für Ländliche Entwicklung Oberbayern und Architekten als Bauberater Gebäude, Plätze und Straßen um- und neu gestaltet, ohne den Eigencharakter des Dorfes zu verändern. Mit dem Gewinn der Goldmedaille im Bundeswettbewerb „Unser Dorf soll schöner werden – Unser Dorf hat Zukunft" wurden die Mühen belohnt. Ein Drehstein ist Erinnerung daran und Zeichen, dass die Dorfentwicklung nicht zum Stillstand kommen darf.

Junge und Alte sollen in einem Dorf zusammenleben können. Mehrere Jugendgruppen und ein offener Jugendtreff kümmern sich um Belange der Heranwachsenden. Ein Jugendpfleger veranstaltet mit seiner Gruppe Aktionen für die gesamte Bevölkerung. Ein Sozialfond und ein Sozialbüro helfen bei schwierigen Lebensumständen und alltäglichen Problemen schnell und unbürokratisch. Wirtschaftlich steht die Gemeinde auf sicheren Füßen. Eine gesunde Gewerbestruktur ist dafür die Grundlage. 2010 gibt

es rund 300 Gewerbetreibende, vom Einmannbetrieb, über den Einzelhandel, Handwerker und Dienstleister bis zum Großbetrieb. So hat die bekannte Firma Meindl seit langem ihren Sitz im Dorf. Im Jahr 1718 wurde Petrus Meindl urkundlich in Kirchanschöring als Schuster eingetragen und bewohnte das bereits im Jahr 1654 erstmals erwähnte Schusterhäusl. Damit begann eine Familientradition, die sich über mehrere Jahrhunderte bewahrt und stetig weiterentwickelt hat. Heute produziert die Firma Meindl am Standort Kirchanschöring Schuhe und Bekleidung und ist damit weltweit in den besten Häusern vertreten.

Kirchanschöring war schon immer landwirtschaftlich geprägt. Die Gemeinde und die Bauern haben die Gentechnik abgelehnt und versuchen durch Ab-Hof-Verkauf und Direktlieferung ihrer Produkte die Probleme ihres Berufstandes zu mildern. Die Gemeinde wies in Hipflham ein Baugebiet nach dem Einheimischen-Modell aus, so dass junge Familien Eigenheime errichten können. Ein neuer Ortsteil ist entstanden. Dieser, öffentliche Gebäude und mehrere Wohneinheiten werden durch ein Hackschnitzelwerk mit Wärme versorgt. Man setzt auch andere alternative Energien ein: Biogas, Solar und Photovoltaik helfen fossile Rohstoffe zu sparen. Durch Projekte wie „Lebensqualität durch Nähe" soll die Sicherheit der Versorgung im Ort gegeben und damit auch Geborgenheit vermittelt werden. Der europäische Gedanke findet in der Partnerschaft mit der polnischen Gemeinde Lichnowy bei regelmäßig gegenseitigen Besuchen seinen Platz. Über 40 Vereine bereichern mit verschiedenen Veranstaltungen das Dorfleben: Sportabteilungen bieten ein reichhaltiges Angebot. Das jährliche Dampfdreschen im Bauernhofmuseum, Vereinsfeste und Jubiläumsfeiern ziehen auch aus anderen Gemeinden Interessierte an. Weiter wirken auf kulturellem Gebiet Bücherei, Theater-, Gesangsverein, die Musikkapelle und die Veranstaltungen der Volkshochschule.

Der Bevölkerung wird durch Pfarrheim, Kindergarten und Spielplätze, Grundschule, Bahnstation, verschiedene Ärzte, Apotheke, Banken und Gasthäuser insgesamt eine umfassende Infrastruktur geboten, so dass man sagen kann: „Do lasst se guat leb'n".

Verein für Heimatpflege, Kirchanschöring

↖ Blick auf Kirchstein.

↖ Die am 9. Januar 1909 geborene Rosina Stockhammer, älteste Einwohnerin von Kirchanschöring, lebt in ihrer kleinen Landwirtschaft und wird von ihren vier Kindern liebevoll versorgt.

← Maibaum.

← Festumzug mit geschmückten Pferden.

← Kapellenbildstöckl in Pirach.

↗ Herrlicher Blumenschmuck am Rathaus von Kirchanschöring – ehem. Sappergut von 1497.

Der Rupertiwinkel

Laufen

Historische Perle an der Salzach

Laufen in Kürze

Landkreis	Berchtesgadener Land
Einwohnerzahl	6.564
Fläche	35,36 km²
Höhe ü. NN	394 m
Eingemeindete Orte:	Leobendorf (1978), Triebenbach, Heining (1970)

Malerisch schmiegt sich die alte Schifferstadt Laufen in die Salzachschleife. Spaziert man durch die historische Altstadt, mit ihren herrschaftlichen Bürgerhäusern, lauschigen Plätzen und verwinkelten Gassen, spürt man sogleich den italienischen Einfluss auf die Architektur dieses Ortes. Der mediterrane Charme des Inn-Salzach-Baustils und die Lage auf einer Halbinsel am Fluss, eingebettet in die sanfte Hügellandschaft des Voralpenlandes, machen Laufen zu einem Ort von außergewöhnlicher Schönheit.

Doch Laufen ist nicht nur schön, sondern auch geschichtsträchtig. Urkundlich erstmals erwähnt im Jahre 748 als „Löffi", entwickelte sich die Stadt am Fluss im Laufe der Jahrhunderte zu einem bedeutenden Salzhandelszentrum und Verwaltungssitz. Bis 1972 war Laufen Kreisstadt des ehemaligen Landkreises Laufen, der weitgehend identisch ist mit dem Rupertiwinkel, von welchem dieses Buch handelt. So gesehen ließe sich Laufen als die „heimliche Hauptstadt" des Rupertiwinkels bezeichnen.

Im Zuge der Gebietsreform wurde Laufen Teil des damals neugegründeten Landkreises Berchtesgadener Land. Zahlreiche Ämter und Institutionen haben zwar auch heute noch ihren Sitz in Laufen, so z.B. die Bayerische Akademie für Naturschutz und Landschaftspflege, die Bayerische Landesanstalt für forstliche Saat- und Pflanzenzucht, die Justizvollzugsanstalt Laufen-Lebenau, das Amtsgericht oder auch das Rottmayr-Gymnasium. Dennoch ging mit dem Verlust des Kreisstadtstatus ein spürbarer Zentralitätsverlust einher, den die Stadt auch durch verstärkte Aktivitäten auf kulturellem Gebiet auszuglei-

↑ Der 2007 fertiggestellte Europasteg verbindet Laufen und Oberndorf exakt an der Stelle, an der die vom Hochwasser 1899 (Pegelstand: 10,30 m) weggerissene alte Brücke stand.

↖ Schloss Triebenbach, Austragungsort der alljährlichen Salzachfestspiele.

↑ Tagungshotel Kapuzinerhof mit Kräutergarten der Akademie für Naturschutz und Landschaftspflege.

← Leobendorf mit St.-Oswald-Kirche.

↗ Abtsdorfer See.

↗ Rupertusplatz mit Altem Rathaus (erkennbar am spitzen Turm).

↗ „Kreuzgang" der Stiftskirche Mariä Himmelfahrt.

chen versucht. So stellen beispielsweise die großzügig dimensionierte Salzachhalle (erbaut 1983), die sommerlichen Salzachfestspiele auf Schloss Triebenbach (gegr. 2005) oder auch die zahlreichen Veranstaltungen in der Kleinkunstbühne (gegr. 1999) und im Alten Rathaus Kulturangebote dar, die sich explizit an die ganze Region richten.

Es war die Salzach selbst, die Laufen seinerzeit zu Wohlstand, Bedeutung und Ansehen verhalf. Aufgrund wenig und spärlich ausgebauter Landstraßen kam nämlich der Binnenschifffahrt bis ins 19. Jahrhundert eine beachtliche Bedeutung zu. Auf der Salzach wurden nicht nur Salz, das „weiße Gold", Marmor und andere Güter aus den Bergen – zum Teil aus Italien – ins Flachland transportiert, sondern auch Getreide und Wein aus der Wachau flussaufwärts nach Laufen und Salzburg befördert. Doch die Stromschnellen in der Salzachschleife, namentlich der „Nocken", ein Felsen im Fluss, machten ein Umladen der Fracht in Laufen unumgänglich. Laufen wurde zum Umschlagplatz, die Laufener Schiffsherren schlugen aus ihrer naturgegebenen „Monopolstellung" Kapital und kontrollierten bald weite Teile des Schiffsverkehrs auf der Salzach. Mit der Eisenbahn kam das Ende der glanzvollen Zeit Laufens als Schifferstadt.

Die Geschichte Laufens ist untrennbar verbunden mit seiner „Schwesterstadt" Oberndorf auf der anderen Seite der Salzach, in welcher 1818 das weltberühmte Weihnachtslied „Stille Nacht" zum ersten Mal gesungen wurde. Streng genommen beginnt die Geschichte Laufens sogar in Oberndorf, denn die Besiedlung der Salzachschleife nahm ihren Anfang im heutigen Stille-Nacht-Bezirk auf der rechten, seit 1816 österreichischen, Flussseite. Erst als um 1050 die Burg und Siedlung auf der heute bayerischen Landzunge als „Urbs" (Stadt) genannt wird, wandelte sich die Bezeichnung des Schifferdorfes „drenterhalb" der Salzach von „Dorf Laufen" zu Oberndorf.

Jahrhunderte lang waren Laufen und Oberndorf ein Ort. Die Patrizier und Schiffsherren

↖ Die Länderbrücke (erbaut 1902/03, renoviert 2007), eine der schönsten Brücken Europas.

↑ Detail der Länderbrücke: Bayerisches Wappen, darüber die Wittelsbacher Königskrone.

← Marienplatz im typischen Inn-Salzach-Baustil.

↗ Carolin Reiber, umrahmt von der Oberndorfer Schiffergarde.

→ Innenansicht der Stiftskirche Laufen, der ältesten gotischen Hallenkirche Süddeutschlands.

→ Stille-Nacht-Kapelle in Oberndorf.

errichteten ihre prächtigen Bürgerhäuser auf der einen Seite der Salzach, die „arbeitende Bevölkerung", die „Schöffleut", wohnten auf der anderen Seite des Flusses. Doch die Zeiten ändern sich: Inzwischen hat die Stadt Oberndorf wirtschaftlich und infastrukturell eine bedeutende Position im österreichischen Flachgau inne. Heute verbinden die Länderbrücke im Jugendstil (erbaut 1902/03) und der Europasteg (erbaut 2007) Laufen und Oberndorf. Gemeinsam streben die beiden Städte die Position eines Mittelzentrums im vereinten Europa an. Die Voraussetzungen dafür sind günstig, ergänzen sich doch auch die Angebote im Geschäfts- und Gewerbebereich aufs Allerbeste. Eine Besonderheit Laufens sind dabei kleine Kunsthandwerksbetriebe, wie Geigenbauer, Kunstbuchbinder, Töpfereien und Goldschmiede.

Weithin sichtbares Wahrzeichen Laufens ist die hoch aufragende Stiftskirche Mariä Himmelfahrt, die älteste gotische Hallenkirche Süddeutschlands – kunsthistorische Attraktion und beeindruckendes Bauwerk gleichermaßen. Sie verfügt nicht nur über einen kreuzgangähnlichen Bogengang, der die Grabplatten verflossener Adelsgeschlechter und Bürgerfamilien beherbergt, sondern auch über einen imposanten Stiftsschatz. Ein Glanzlicht der von gotischen und barocken Einflüssen geprägten Kirche stellt das Seitenaltarbild des bedeutenden Barockmalers Johann Michael Rottmayr dar, welches

Die Salzachschleife mit Laufen und Oberndorf.

den Heiligen Rupertus zeigt. Rottmayr gilt als Begründer des österreichischen Kaiserstils und zählt wohl zu den berühmtesten Söhnen Laufens. Auch im, nach ihm benannten, großen Saal des Alten Rathauses lässt sich eines seiner Werke bewundern: „Die Allegorie der Astronomie und Geschichte".

Nähert man sich Laufen von der Oberndorfer Brückenstraße her, so merkt man es gleich: Diese Stadt ist ein echtes architektonisches Kleinod; zahlreich sind die Baudenkmäler, die sich dem Besucher nach und nach offenbaren. Allein schon die Brücken sind einen Besuch in Laufen wert. Die Deutsche Post widmete der frisch renovierten Länderbrücke 2003 eine Sonderbriefmarke, der Europa-Steg stellt eine gewagte, aber gelungene Verbindung von Tradition und Moderne dar. Einige Gebäude haben einen interessanten Nutzungswandel vollzogen: Das ehemalige Kapuzinerkloster wurde aufwändig renoviert und zum Tagungshotel mit Kräutergarten umgebaut; das mächtige, jedoch nüchterne Schloss Laufen dient heute als Wohn- und Geschäftsgebäude, im idyllisch gelegenen Schloss Abtsee ist nun eine Venenklinik untergebracht.

Das gesellschaftliche Leben Laufens ist durch ein ausgesprochen reges Vereinsleben geprägt. Es gibt in Laufen über 80 Vereine. Vom Gewerbeverein „Laufen aktiv", in dem sich die Geschäftswelt organisiert hat, über mitgliederstarke Vereinigungen, wie den Trachtenverein D'Grenzlandler, die Freiwillige Feuerwehr, die Turn- und Sportvereine, Stadtkapelle Laufen, Musikkapelle Leobendorf und viele andere, bis hin zu eher kleineren Einheiten, wie dem Bienenzüchterverein, der Astronomischen Arbeitsgruppe oder dem Bund der Ruhestandsbeamten.

Die Nähe zu Salzburg und ein ausgedehntes Angebot von Möglichkeiten der Freizeitgestaltung macht Laufen nicht nur als Wohnort, sondern auch für Besucher, Tagestouristen und Urlauber attraktiv. Ob Plättenfahrten auf der Salzach, sommerliches Baden oder winterliches Eislaufen am nahegelegenen Abtsdorfer See, Folkloreveranstaltungen, wie Piratenschlachten auf der Salzach, Sonnwendfeuer auf dem Thannberg, Schifferstechen am Abtsdorfer See, Venezianische Nacht in der Altstadt, Laternenstadtführungen mit dem Nachtwächter, Wanderungen durch das Haarmoos, Fahrradtouren auf dem Mozart- oder Bajuwaren-Radweg, naturkundliche Exkursionen, Nordic-Walking oder sportliche Betätigung aller Art – in Laufen und Umgebung lässt sich vieles unternehmen und erleben. Das städtische Tourist-Info im Bürgerbüro des Rathauses steht Interessenten diesbezüglich stets gerne mit Tipps und Hinweisen zur Verfügung.

Stefan Feiler

Palling

Kornkammer des Rupertiwinkels

Palling in Kürze	
Landkreis	Traunstein
Einwohnerzahl	3.400
Fläche	53,9 km^2
Höhe ü. NN	531 m
Eingemeindete Orte:	Freutsmoos (1978), Pierling – 3 Ortschaften (1978)

Zusammen mit den Ortsteilen Freutsmoos, Tyrlbrunn, Brünning und Unterschilding wurde Palling als „ad Baldilingas" im berühmten Güterverzeichnis des Salzburger Erzbischofs Arno („Notitia Arnonis") aus den Jahren 788–790 erstmals urkundlich erwähnt. Funde aus der Jungsteinzeit sowie der Römer- und Bajuwarenzeit belegen jedoch eine viel weiter zurückreichende Besiedelung der Gegend. Dazu zählen z.B. Steinbeile, der als „Römerstein" bekannte Grabstein einer römischen Familie in Freutsmoos und ein Gräberfeld aus der Bajuwarenzeit in Palling.

Im 12. Jahrhundert bestand in Harpfetsham ein Edelsitz, auf dem die Ministerialen der Salzburger Kirche residierten. Das Gebiet wurde damals von bayerischen Herzögen verwaltet, ehe es im 13. Jahrhundert die Salzburger Erzbischöfe unter ihre Landeshoheit brachten. Der Salzburger Löwe im Gemeindewappen erinnert an die Jahrhunderte lange Zugehörigkeit des Ortes zum Salzburger Fürsterzbistum. Der Ort Palling, der dem Pfleggericht Tittmoning unterstand, war damals ein sogenanntes Schergenamt und hatte zehn Obmannschaften zu verwalten.

Der Dreißigjährige Krieg machte sich in Palling nicht durch Kriegshandlungen, sondern durch die Pest bemerkbar, wenngleich eine regelrechte Entvölkerung nicht statt gefunden hat. Am 8. Mai 1650, also nach dem Ende des Kriegs gelobte die Pfarrei jährlich am Montag vor Pfingsten nach Altötting zu wallfahrten, wenn sie von der

↑ Kreuzigungsgruppe am Kalvarienberg.

↖ Kapelle inmitten eines blühenden Obstgartens in Lampertsham.

← Dorfidylle in Tyrlbrunn.

↗ Zwei Urgesteine der Heimatbühne Palling: Toni und Sepp Winkler.

Pest verschont bleibe. Dieser damals zweitägige, heute eintägige Pilgergang hat seither mit nur einzelnen kriegsbedingten Unterbrechungen durchgehend stattgefunden.

Großes Leid brachten 1800 die plündernden und mordenden napoleonischen Truppen ins Land. Überliefert ist der Fall der Emerentiana Kasparlschusterin, Eheweib des Sebastian Huber, Bauer am Einsiedelgut zu Brünning, die, als sie vor französischen Plünderern aus dem Hause fliehen wollte und die erste ihr nachgesandte Kugel sie nicht zum Stehenbleiben brachte, durch einen zweiten Schuss getötet wurde.

Palling liegt am nordwestlichen Rand des Rupertiwinkels im nördlichen Landkreis Traunstein im Nahbereich der von jeher bayerischen Stadt Trostberg und der jungen Stadt Traunreut in einem Urstromtal. Pfarrer Heinrich Held umschrieb in seiner Pfarrchronik von 1909 die weitgehend ebene Landschaft als vom Salzachgletscher gebildetes, von fruchtbarer Krume überkleidetes Geschiebe der Hochgebirgskonglomerate. Die Gemeinde ist heute noch überwiegend landwirtschaftlich und kleingewerblich strukturiert. 66 % der Gemeindefläche sind landwirtschaftlich, 28 % forstwirtschaftlich genutzt. Die Ackerböden im Gemeindeteil Freutsmoos haben die beste Bonität im weiten Umkreis. Diese Bodengüte hat der Gemeinde die Bezeichnung als „Kornkammer" des Rupertiwinkels eingetragen. Weniger bekannt ist heute, dass auch die Pallinger Kiefern in der Forstwirtschaft einen hervorragenden Ruf hatten. Einige für die Nachzucht besonders wertvolle Altbestände von Pallinger Bauern waren nach dem Forstlichen Saat- und Pflanzgutgesetz von 1951 als einzige Kiefernbestände im Landkreis Laufen zur Gewinnung von Zapfen zugelassen. Der aus den Zapfen gewonnene Samen durfte zur Nachzucht von Kiefernpflanzen in ganz Südbayern mit Ausnahme der Alpen verwendet werden.

Das Hochmoor von Harpfetsham als nördlichste Hochmoorfläche im Salzachgletschergebiet ist ein wertvoller Biotopkomplex, der als überregional bedeutendes Naturdenkmal eingestuft ist. Im Gemeindegebiet gibt es, von einigen Moorlacken abgesehen, keine oberirdischen Gewässer. Dafür sitzt Palling gewissermaßen auf einem riesigen Grundwassersee. Der Zweckverband zur Wasserversorgung der Otting-Pallinger Gruppe versorgt daraus zwölf Gemeinden ganz oder teilweise mit Trinkwasser.

Sehenswert sind die Kirchen und Kapellen im Gemeindegebiet. Die sehr stattliche Pfarrkirche in Palling ist ein jüngerer Bau im neugotischen Stil und wurde im Jahre 1876 geweiht. Die Kirche in Freutsmoos ist ein

↖ Ortsansicht von Nordosten.

↖ Detail der Pallinger Pfarrkirche.

← Neues Wahrzeichen der Gemeinde Palling: Die Windräder von Baumham.

← Pfarrkirche St. Laurentius in Freutsmoos.

↑ Das Genghamer Kircherl.

↗ Historischer Grenzstein an der ehemaligen Landesgrenze bei Schlichtersberg.

spätgotischer Bau mit barocken Anbauten neueren Datums. Die Kirche St. Johannes der Täufer in Brünning stammt aus dem Jahre 1422 und wurde später ebenfalls barock verändert. Ein spätgotischer Kirchenbau findet sich auch in Kirchberg. Die Kirche in Tyrlbrunn wurde um 1900 errichtet; der Chor stammt allerdings aus gotischer Zeit. In Harpfetsham steht ein ehemaliges Pfarrhaus, das heute als bewirtschaftetes Klostergut von den „Schönbrunner Schwestern" genutzt wird.

Im Jahre 1896 stiftete der damalige Pfarrer Johann Nepomuk Heringer eine Mädchenschule mit Kleinkinderbewahranstalt, die vom Orden der Armen Schulschwestern betreut wurde. Die am 3. Januar 1898 eröffnete Kleinkinderbewahranstalt wurde bereits im ersten Jahr von 32 Kindern besucht. Die Kindertagesstätte war zur damaligen Zeit bahnbrechend für Landgemeinden in der Größenordnung von Palling.

Auf einer Anhöhe am westlichen Ortsrand befindet sich ein Kalvarienberg, der von einem Pallinger Bauernsohn mit Unterstützung von Mitbürgern erbaut und 1888 eingeweiht wurde. Laut Gutachten des Bayerischen Landesamtes für Denkmalpflege aus dem Jahr 1982 zählt er „zu den eindrucksvollsten und großartigsten im gesamten ostbayerischen Raum" und ist „ein Baudenkmal von lokalhistorischer, zeitgeschichtlicher,

Palling aus der Luft.

künstlerischer und landschaftsprägender Bedeutung". Das Ensemble besteht aus einer monumentalen Bogenhalle mit Kreuzigungsgruppe und einer Grabgrotte. Von der Steiner Straße am westlichen Ortsrand (Nähe Benefiziatenhaus) führen ein Kreuzweg mit 14 gusseisernen Kreuzwegstationen und ein Rosenkranzweg hinauf, die sich gut zu einem Rundweg verbinden lassen.

Bemerkenswert sind auch die zahlreichen prächtigen und in denkmalpflegerischer Hinsicht überregional bedeutsamen Bundwerkstadel, die oft mustergültig restauriert sind. Einige sind mit reichhaltigen Ornamenten verziert und bemalt. Entstanden ist diese Baukultur im 19. Jahrhundert; sie zeugt von einer Blütezeit des Bauerntums.

Stellvertretend für die zahlreichen Vereine als Träger des kulturellen Lebens sei die Heimatbühne Palling erwähnt, die weit über die Grenzen der Gemeinde und des Landkreises hinaus bekannt ist und pro Spielsaison bis zu 8.000 Theaterfreunde anzieht. Eines besonderen überörtlichen Zulaufs erfreuen sich auch die monatlich stattfindenden Taubenmärkte in Brünning. Der älteste Verein in Palling ist die Krieger- und Soldatenkameradschaft. Sie wurde bereits 1811 gegründet, also ein Jahr nach der Übernahme des Salzburger Landes durch das Königreich Bayern. *Lorenz Mayer*

Petting

Eine Gemeinde mit Tradition und Zukunft

Petting in Kürze

Landkreis	Traunstein
Einwohnerzahl	2.376
Fläche	29,93 km^2
Höhe ü. NN	451 m
Eingemeindete Orte:	Ringham (1971)

Als eine der kleineren Gemeinden im Rupertiwinkel repräsentiert Petting 200 Jahre nachdem das Gebiet zu Bayern fiel, das bayerische Lebensgefühl auf vielerlei Arten: Hier werden die Bräuche gepflegt, hier sind die Menschen bodenständig und der Heimat verbunden. Gibt es was zu feiern, spielt die örtliche Blasmusikkapelle Ringham-Petting in voller Formation auf – sie präsentiert sich klangstark und vielseitig. Der Trachtenverein, im Ortsteil Schönram daheim, hält auch die alte Tradition des Theaterspielens aufrecht. Bei großen Festen ist das ganze Dorf auf den Beinen und zeigt, was eine gut funktionierende Gemeinschaft leisten kann. In das rege Vereinsleben werden auch die kleinsten Gemeindebürger eingebunden, vor allem beim Sportverein, dem größten der über 30 Vereine der Gemeinde.

Geprägt ist die Gemeinde von der Landwirtschaft, dem Tourismus und mittelständischem Gewerbe. Im Jahr 2004 wurde nach zehn Jahren die gelungene Dorferneuerung abgeschlossen. Seither hat auch das Rathaus wieder seinen Platz in der Dorfmitte. Eine bürgerfreundliche Verwaltung kümmert sich darin um die Anliegen der Menschen. Auch die Touristinformation hat hier ihren Sitz: Petting ist seit den 60er-Jahren ein „Luftkurort" und ein gefragtes Urlaubsziel.

Handwerk und Gewerbe haben im Dorf und in den Ortsteilen ihren festen Platz. Die mittelständischen Betriebe bieten sichere Arbeitsplätze in der Gemeinde und im Gewerbegebiet Wasserbrenner können sich auch größere Firmen ansiedeln. Weitum bekannt und beliebt

↖ Die Pfarrkirche St. Johannes der Täufer wurde ab 1493 erbaut.

↑ Das blumengeschmückte „Bachtei"-Haus in Petting.

↑ Ohrringe aus einem bajuwarischen Reihengrab.

← Morgenstimmung am Waginger See bei Petting.

↗ Heideblüte im Schönramer Filz.

→ Badespaß im Strandbad Kühnhausen.

ist „das große Bier aus der kleinen Brauerei" in Schönram.

Für einheimische Bürger wurde das Baugebiet „Kirchfeld III" ausgewiesen. Die Plätze sind begehrt: In Petting gibt es alles, was junge Familien zum Leben brauchen. Im dreigruppigen Kindergarten mit angeschlossener Kinderkrippe werden auch die Kleinsten fachgerecht betreut. Die Schüler der ersten vier Klassen sind in der Pettinger Volksschule gut aufgehoben. Im Dorf gibt es alle Dinge für den täglichen Bedarf zu kaufen und die alteingesessenen Wirtshäuser haben eine lange Tradition.

Obwohl sich die Gemeinde ihre ländlich-dörfliche Struktur erhalten hat, ist sie durchaus auf die Zukunft ausgerichtet. Die Freiwillige Feuerwehr Petting verfügt über ein Gerätehaus, das mit modernster Technik und Fahrzeugen ausgestattet ist. Die Musikkapelle Petting hat ein Probenheim mit professionellem Akustik-Ausbau eingerichtet. Und da die Gemeinde am Südende des Waginger Sees liegt, gibt es auch eine aktive Wasserwacht. Sie ist in Kühnhausen stationiert und verfügt über ein Motorboot und Taucherausrüstung.

Eine landschaftliche Besonderheit ist das Schönramer Filz mit seinem bekannten Heide-Wanderweg: Ein Moorgebiet, in dem der Staat früher maschinellen Torfabbau

In Schloss Seehaus am Weidsee weilten früher die Salzburger Erzbischöfe.

betrieb. 1998 wurde begonnen ehemalige Frästorfflächen großflächig wiederzuvernässen – gerade in Zeiten des Klimawandels kommt intakten Mooren eine besondere Bedeutung zu. Heute nutzen noch einige wenige ihr privates Torfstecherrecht im kleinen Umfang.

Sichtbares Zeugnis der ehemaligen Zugehörigkeit zu Salzburg ist das Schloss Seehaus am Weidsee, gebaut Ende des 15. Jahrhunderts. Hier waren die zuständigen Amtmänner für die ausgedehnte Grundherrschaft des Salzburger Domkapitels tätig, zu dessen Verwaltungsmittelpunkt Petting schon im 12. Jahrhundert wurde, gerne weilten auch die Salzburger Erzbischöfe zu Besuch. Mit der Säkularisation des Salzburger Domkapitels 1807 gelangte das Schloss zunächst an Österreich und 1810 an den bayerischen Staat, der den Gutskomplex 1813 versteigern ließ. Heute ist das Schloss in Privatbesitz, zusammen mit dem Weidsee und den Fischereirechten.

Zeugnisse von früheren Bewohnern des schönen Fleckens am Südende des Waginger Sees gibt es viele: Schon die Kelten siedelten vor über 2.000 Jahren an der Götzinger Achse, was die Überreste einer Vierseitschanze – wahrscheinlich eine Kultstätte – am Zusammenfluss von Ache und Eisgraben belegen. Zur Römerzeit war das Gebiet eine der Kornkammern des Reiches; am Quell-

↑ Landkreis- und Gemeindegrenze am Surspeicher in der Gemeinde Petting.

↓ Die Schönramer Brauerei veranstaltet jährlich das Brauereifest – ein Anziehungspunkt für Jung und Alt.

Petting aus der Vogelperspektive.

grund wurden die Überreste einer „Villa Rustica" aus dem 1. Jahrhundert n. Chr. entdeckt. Und nach den Römern, im 5. bis 7. Jahrhundert, ließ sich ein bajuwarisches Volk hier nieder – vermutlich der Stamm des Petto, dessen Name auch den heutigen Ortsnamen Petting begründet. Aus dieser Zeit gibt es viele sichtbare Stücke: Bei den Bauarbeiten für eine Wohnsiedlung wurde in den Jahren 1991/1992 ein großes Bajuwaren-Gräberfeld freigelegt. Die Fundstücke – darunter ein Paar byzantinische Ohrringe aus reinem Gold, Perlenschmuck, Schwerter und auch die Skelette zweier Pferde mit Teilen des Zaumzeugs – lieferten den Archäologen viele neue Erkenntnisse. In diesen Gräbern wurden auch die ersten Zeichen des Christentums gefunden: Goldblattkreuze, datiert auf das 7. Jahrhundert. Ein Teil der restaurierten Stücke ist im Bajuwarenmuseum in Waging ausgestellt. Der Pettinger Bildhauer Konrad Kurz hat einige Funde in Bronze nachgearbeitet und sie in den Pflasterboden vor dem Pettinger Rathaus eingefügt.

Urkundlich wird der Ort erstmals 1048 als „Pettinga" erwähnt. Im Jahr 1818 wird Petting eine selbständige politische Gemeinde. 1971 schließt sich die Gemeinde Ringham der Gemeinde Petting an. Seit der Gebietsreform 1972 gehört Petting, ehemals Landkreis Laufen, zum Landkreis Traunstein. Um eine Eingemeindung zu vermeiden, geht Petting 1978 eine Verwaltungsgemeinschaft mit Waging, Taching und Wonneberg ein. Nach langwierigen Verhandlungen kann Petting mit Bürgermeister Hans Mayer an der Spitze zum 1. Januar 1986 die Verwaltungsgemeinschaft wieder verlassen – woraufhin Bürgermeister und Gemeinderat mit der Blaskapelle zu Fuß in Petting einmarschieren. Seither ist Petting mit den Ortsteilen Schönram, Ringham und Kühnhausen sowie den umliegenden Weilern eine aktive Gemeinde mit gesunden Finanzen.

In Petting sprechen die Menschen noch den bairischen Dialekt, geprägt von der bäuerlichen Bevölkerung. Einer, der die bairische Sprache aufrechterhält, ist der Landwirt Nik Mayr, bekannt als Heimatdichter und Mitglied der Rupertiwinkler Federfuchser. In seinem Buch „Is net a so" schreibt er:

Da schönste Gruaß im Bayernland
is doch des: „Grüaß Gott beinand!"
Net „Hey" brauch ma, net „Hallo",
mit „Gutn Tach" fang ma net o,
es gibt koa Unrecht und koan Spott
bei an echten „Grüaß di Gott"

Brigitte Spitzauer

Piding

Historisch, traditionell und fortschrittlich

Piding in Kürze	
Landkreis	Berchtesgadener Land
Einwohnerzahl	5.200
Fläche	1.755 ha
Höhe ü. NN	450–800 m

Der Ort Piding ist die südlichste Gemeinde im Rupertiwinkel und liegt direkt am Eingang zu den Alpen. Das Gemeindegebiet wird im Süden durch Hochstaufen und Fuderheuberg, im Osten von Saalach und im Nordwesten vom Högl begrenzt. Es besteht aus sieben Ortsteilen: Piding, Mauthausen und Pidingerau, wo der Hauptschwerpunkt der Siedlungsentwicklung liegt, sowie Staufenbrücke, Urwies, Kleinhögl und Bichlbruck.

Relikte aus der Bronzezeit weisen auf eine frühe Besiedelung Pidings hin. Auch die Bajuwaren waren hier sesshaft, wie ihre bei der Mauthauser Kirche gefundenen Reihengräber beweisen. Aus der frühbayerischen Zeit stammt auch der Ortsname. Die Endung „ing" steht für eine Siedlergruppe, die sich seinerzeit wohl unter Leitung eines Anführers namens „Pido" hier niedergelassen hat. Damit bedeutet der Ortsname Piding „bei den Leuten des Pido". In das Licht der Geschichte tritt Piding erstmals 696, als der Heilige Rupert in Salzburg ankommt und ihm Bayernherzog Theodo unter anderem mehrere Bauernhöfe in Piding übergibt, wie im ersten Salzburger Güterverzeichnis, der „Notitia Arnonis", festgehalten. Rupert wollte mit diesem Grundbesitz eine wirtschaftliche Grundlage für sein Kloster in Salzburg sowie die Möglichkeit des Salzhandels zu Wasser schaffen. Piding ist damit der älteste alt-salzburgische Ort im heutigen Rupertiwinkel. Zu Ehren des Landespatrons wurde 1987 der Rupertibrunnen errichtet.

Urkundlich erscheint Piding, als der Adelige Adalunch um 735 sein Eigentum „ad Pidingen" an die Salzburger Kirche übergibt. Im Jahr 2010 begeht Piding seine 1275-Jahr-Feier mit Veranstaltungen. Vor-

↖ Die Pfarrkirche Maria Geburt mit dem Untersberg im Hintergrund.

↑ Luftaufnahme von Piding.

← Schloss Staufeneck.

↗ Kirche St. Laurentius in Mauthausen.

→ Das Mauthaus in Mauthausen.

trägen und Führungen. Herausragend ist der am 16. Mai 2010 stattfindende feierliche Feldgottesdienst mit anschließendem Festzug durch Piding.

Wegen der frühen Beziehungen zur Salzburger Kirche ist anzunehmen, dass die Ursprünge der Pidinger Pfarrkirche „Maria Geburt" möglicherweise bis auf die Zeit des Heiligen Rupert zurück reichen. 1761 wurde an der Kirche ein Umbau vorgenommen, der ihr das bis heute bestimmende Aussehen gab. Aus der Zeit um 1510 ist noch das gotische Seitenportal erhalten. Die Pfarrkirche Maria Geburt besticht wegen ihrer einheitlichen Ausstattung und dem reizvollen Stuck, der durch die Lichtfülle besonders zum Ausdruck kommt.

Zu den seltenen romanischen Kirchen, die ihr ursprüngliches Gepräge bis heute behalten haben, gehört die Filialkirche „St. Laurentius" in Mauthausen, die um 1500 gotisch eingewölbt wurde. Sie besitzt bemerkenswerte spätgotische Wandmalereien, die neben anderem die Vierzehn Nothelfer zeigen.

Ein besonderes Kleinod stellt die zweite Filialkirche „St. Johannes der Täufer" am Högl dar. Das Kirchlein besteht aus romanischen Mauern mit spätgotischem Gewölbe und barockem Turm. Im Innern sind Fresken aus dem 15. bis 17. Jahrhundert zu sehen. Der

Bergidylle auf der Steiner Alm.

Seitenaltar stammt aus der Werkstatt des Laufener Maler Gordian Guckh.

Ein Wahrzeichen Pidings ist das im 12./13. Jahrhundert erbaute Schloss Staufeneck am Fuß des Hochstaufens. Dieser Platz eignete sich hervorragend zur Überwachung der Salzstraße und der Mautstelle in Mauthausen. In den Jahren 1305/1306 kaufte der Salzburger Erzbischof die Burg, die von etwa 1350 bis 1805 Sitz eines Pfleggerichts war. Erzbischof Leonhard von Keutschach verlieh Staufeneck durch massive Umbauten in den Jahren 1506 bis 1513 das bis heute im Wesentlichen unveränderte spätgotische Aussehen.

Nach dem Zweiten Weltkrieg war das Grenzdurchgangslager Piding das Tor in ein neues Leben für über zwei Millionen Vertriebene und Flüchtlinge. Viele Menschen sudentendeutscher und anderer Herkunft blieben in Piding, fanden hier eine neue Heimat und haben das Gemeindeleben seither menschlich, kulturell und wirtschaftlich enorm bereichert. Mit Hilfe der Vertriebenenindustrie erfuhr Piding in den Nachkriegsjahren einen wesentlichen wirtschaftlichen Aufschwung und das sogenannte „Wirtschaftswunder" wurde auch in Piding offensichtlich.

In Piding werden über sechzig Klein- und Flurdenkmäler erhalten und liebevoll gepflegt. Diese Signaturen ländlicher Kulturlandschaft zeugen von einer tief verwurzelten religiösen Tradition.

↑ 1.850 Bauern beliefern die Milchwerke Berchtesgadener Land.

Seit 2005 wird am Schloss Staufeneck am ersten oder zweiten Wochenende im August ein Mittelalter-Markt abgehalten, der Tausende von Besuchern in die Vergangenheit eintauchen lässt.

Am dritten Samstag im September findet in Piding der „Rupertimarkt" statt. Auf diesem Kirchweihmarkt stellen neben traditionellen Fieranten auch heimische Hand- und Kunsthandwerker ihre Erzeugnisse aus.

Eine optimale Verkehrsanbindung, die Möglichkeit von Natur- und Kulturerlebnissen in nächster Nähe und das gelebte Brauchtum begünstigen den heimischen Tourismus, der hier bereits im frühen 20. Jahrhundert organisiert und gefördert worden ist. Als staatlich anerkannter Luftkurort präsentiert sich der Ort Piding durch die Berchtesgadener Land-Tourismus GmbH.

Mit drei Kindertagesstätten, einer Kinderkrippe und einem Projekt zur offenen Jugendarbeit wird deutlich, dass in Piding die Kinder- und Jugendfürsorge besondere Gewichtung erhält.

Die Gemeinde Piding ist Standort der Volksschule Piding-Anger. An dieser Grund- und Hauptschule wird sowohl eine Mittagsbetreuung als auch eine Ganztagsbetreuung angeboten. Darüber hinaus verfügt Piding mit den Einrichtungen des Heilpädagogischen Zentrums (Rupertusschule, Tagesstätte St. Rupertus sowie Frühförderung) und der Pidinger Werkstätten GmbH der Lebenshilfe BGL über besondere Förderzentren und kompetente Organisationen zur Betreuung und Förderung für Kinder mit Entwicklungsverzögerungen sowie für geistig und mehrfach behinderte Menschen unterschiedlichen Alters.

Die Versorgung älterer und kranker Bürger wird in Piding gewährleistet durch das SeniVita Seniorenhaus St. Laurentius. Die kompetente hauptamtliche Pflege wird von engagierten ehrenamtlichen Helfern unterstützt, die Abwechslung in den Alltag der Heimbewohner bringen.

↖ Johannishögl.

↖ Schloss Staufeneck mit dem Hochstaufen im Hintergrund.

← Heimatabend auf der Moar-Alm.

↗ Nach dem Zweiten Weltkrieg war das Grenzdurchgangslager Piding Zufluchtsort für zwei Millionen Vertriebene und Flüchtlinge. Einige von ihnen fanden in Piding eine neue Heimat.

Größter Arbeitgeber in der Gemeinde Piding sind die Milchwerke Berchtesgadener Land Chiemgau eG mit rund 300 Mitarbeitern. Sie verarbeiten täglich rund 650.000 Liter Milch von 1.850 Bauern zwischen Isar und Salzach. Daneben haben sich zahlreiche mittelständische Unternehmen aus Handel und Handwerk angesiedelt. Über 50 Betriebe und Firmen aus Piding sind unter dem Motto „Miteinander...Füreinander" zum „Unternehmerforum Piding" zusammengeschlossen, um den Wirtschaftsstandort zu stärken und die heimische Kaufkraft im Gemeindebereich zu binden.

Piding erfreut sich trotz des ständigen Strukturwandels einer lebendigen Dorfgemeinschaft, die an Überliefertem festhält und sich dem Fortschritt nicht versagt. Sport, Kultur und Tradition werden in mehr als 20 Vereinen gepflegt. Dieses und vieles mehr macht Piding zu einer attraktiven und liebenswerten Gemeinde mit hoher Lebensqualität, in der sich Einheimische und Touristen gleichermaßen wohl fühlen können.

Gemeinde Piding

Saaldorf-Surheim

Anerkannter Erholungsort

Saaldorf-Surheim in Kürze

Landkreis	Berchtesgadener Land
Einwohnerzahl	5.500
Fläche	39,09 km^2
Höhe ü. NN	449 m

Die Gemeinde Saaldorf-Surheim ist anerkannter Erholungsort und liegt im nördlichen Teil des Berchtesgadener Landes und damit im Herzen des historischen Rupertiwinkels, einem der schönsten Urlaubsregionen Bayerns. In unmittelbarer Nachbarschaft liegt die Kultur-Weltstadt Salzburg.

Die erste urkundliche Erwähnung stammt um 788 von den Salzburger Erzbischöfen, unter deren Herrschaft das ganze Gemeindegebiet bis 1803 stand. Die Edlen Maio und Wich gaben damals ihr Eigentum im Dorf „Saltorf" an die Domkirche Salzburg und der Vasall Johannes überließ mit Erlaubnis des Herzogs Tassilo in „Sura" ein Gehöft.

Der Name Saaldorf ist abgeleitet von dem alten Wort „sal" und bedeutet Herrenhof, Amtshof. Surheim hat seinen Namen von der „Sur", dem Fluss durch den Ort. „Sur" ist keltischen Ursprungs und bedeutet „langsam fließendes Gewässer".

Jahrhundertelang war die Gemeinde nur landwirtschaftlich ausgerichtet, sie gehörte zur „Kornkammer" des Fürsterzbistums Salzburg. Darauf weist auch die Ähre im Gemeindewappen hin.

Die Umgebung von Saaldorf-Surheim ist uraltes Siedlungsgebiet. Das beweisen Funde aus der Bronze- und Eisenzeit, wie Armreifen, Schwerter und Hufeisen. Vor allem aber die Römer, die 14 v. Chr. unser Land eroberten, hinterließen vielfältige Spuren. In Saaldorf und Surheim wurden Römersteine gefunden. 1970 wurde in Leustetten eine „villa rustica", ein römischer Gutshof entdeckt, dessen Badegebäude freigelegt werden konnten.

↑ Surheim von oben.

← Gewerbegebiet Helfau in Surheim.

↗ Maibaumaufstellen: gelebtes Brauchtum in der Gemeinde Saaldorf-Surheim.

→ Liebevolle Pflege religiöser Traditionen, hier das Herrichten eines Freialtares zur Fronleichnamsprozession.

Das Gemeindegebiet wurde ab 1818 nach der Abtrennung von Salzburg aus ehemaligen Gerichtsvierteln der Pfleggerichte Oberlebenau und Staufeneck gebildet; damals war die Sur noch die Gerichtsgrenze.

Saaldorf-Surheim ist eine bäuerlich geprägte und idyllisch an historischen Salz- und Handelswegen gelegene Landgemeinde mit herrlichem Blick in das Panorama der Chiemgauer, Berchtesgadener und Salzburger Alpen.

Die Hauptorte Saaldorf und Surheim haben sich von ursprünglich landwirtschaftlich und handwerklich geprägten Orten zu modernen Wohnorten entwickelt. Traditionell spielt die Landwirtschaft aber noch immer eine wichtige Rolle.

In der gesamten Gemeinde und speziell im Gewerbegebiet „Helfau" bieten leistungsfähige Gewerbebetriebe eine erhebliche Anzahl an attraktiven Arbeitsplätzen. Saaldorf-Surheim bietet somit im Zusammenwirken von Arbeiten und Wohnen ein lebenswertes Umfeld, mit moderner Infrastruktur und vielfältiger Erholungsfunktion.

Die Gemeinde umfasst 54 Gemeindeteile auf 39 Quadratkilometern Fläche. Im Zuge der Gebietsreform wurden 1978 die vormals selbstständigen Gemeinden Saaldorf und Surheim zu einer Einheitsgemeinde zusammengeschlossen, seit 1. Mai 1994 lautet der Gemeindename Saaldorf-Surheim.

Das weitläufige Gemeindegebiet mit vielen langen, hervorragend ausgebauten Radwegen bietet sich besonders für Rad- und Fußwanderungen, Inline-Skaten, Baden und viele andere Sportmöglichkeiten an, wie z.B. Golfen in unmittelbarer Nachbarschaft. Gemütliche Einkehren und kulturelle „Schmankerln" mit Kirchen, Kapellen, Wegkreuzen und schönen Bauernhäusern bereichern die herrliche Voralpenlandschaft. Durch die Gemeinde führen zwei überregionale Radwanderwege, der historische Salzhandelsweg und der Rupertiwinkel-Radwanderweg, die auch in der Vernetzung mit dem gesamten Radwegeangebot im Landkreis hervorragende Ausgangsstationen für längere überregionale Touren bieten.

Einen besonderen Reiz bietet dem Naturfreund das Landschaftsschutzgebiet „Abtsdorfer See" mit den vorgelagerten Feuchtgebieten des Haarmooses (Größe ca. 652 ha). Das westlich und südlich des Sees gelegene Haarmoos ist ein Überbleibsel des Haarsees, der 1773 trockengelegt wurde. Heute ist es eine bemerkenswerte Mischung aus Kultur- und Naturlandschaft mit Vogelbrutstätten zahlreicher Wiesenbrüter. Im Rahmen eines europäischen Förderprojektes wurde im Haarmoos ein Besucherlenkungskonzept erstellt. Eine Aussichts-

↑ Saaldorf aus der Luft.

← Kapelle Sillersdorf.

← Kunst auf dem Schnalzerbrunnen am Dorfplatz von Saaldorf.

↗ Der renaturierte Mittergraben.

→ Badevergnügen am Abtsdorfer See.

plattform und ein Informationsstadel informieren über die Lebensgewohnheiten der Tier- und Vogelwelt und über die Besonderheiten des Moorgebietes. Im Osten der Gemeinde in den wunderschönen Salzachauen wurde in einem sehr aufwändigen Renaturierungsprojekt ein aufgelandeter Nebenarm der Salzach wiederbewässert. Durch diese Reaktivierung wurde ein Lebensraum wieder neu belebt, der in ähnlicher Form Tausende von Jahren existiert hat, als die Salzach noch ein ungebändigter Fluss war. Dieses große Angebot an neuem Lebensraum bewirkte eine vielfältige Besiedelung durch Lebewesen, Tiere und Pflanzen mit den unterschiedlichsten Ansprüchen in einer großen Biotopvielfalt.

Die traditionsbewussten Dörfer in der Erlebnisregion rund um den Abtsdorfer See bieten eine Reihe von gemütlichen Einkehren in einer gepflegten Gastronomie, in der das Preis-/Leistungsverhältnis noch wirklich in Ordnung ist.

Dem Kulturliebhaber eröffnet sich eine Reihe kultureller Leckerbissen. Ca. 150 Klein- und Flurdenkmäler und Kirchen und Kapellen mit schönen Bauernhäusern bereichern die schöne Voralpenlandschaft.

Eine weitere kulturelle Besonderheit stellt im Rupertiwinkel der Brauch des Aperschnalzens dar, der von Saaldorf aus wie-

Abtsdorf mit See im Vordergrund und
Tennengebirge im Hintergrund.

derbelebt wurde. Als sichtbares Zeichen dieses wiederbelebten Brauchtums steht vor dem Rathaus in Saaldorf ein Schnalzerbrunnen.

Tradition in unserer Gemeinde hat auch das Volksschauspiel. Die Volksbühne Saaldorf bietet saisonal Theateraufführungen mit großem Unterhaltungswert an.

Auch die Musikkultur wird durch die zwei Blasmusikkapellen Surheim und Steinbrünning hoch gehalten. Die hohe Spielkunst wird im Rahmen von Standkonzerten und allgemeinen Aufführungen der gesamten Bevölkerung und auch den Gästen vorgeführt.

Den Sportbegeisterten stehen viele Einrichtungen in Saaldorf-Surheim offen. Ob sie das Stockschießen in zwei großen Hallen probieren oder ausüben wollen oder auf den Tennisplätzen den Tennisball jagen. In Surheim sind Sie herzlich willkommen. Natürlich steht dem Badevergnügen bei schönem Wetter am Abtsdorfer See nichts im Wege.

Gemeinde Saaldorf-Surheim

Surberg

Verbindung von Chiemgau und Rupertiwinkel

Surberg in Kürze

Landkreis	Traunstein
Einwohnerzahl	3.344
Fläche	23,74 km²
Höhe ü. NN	450–680 m
Eingemeindete Orte:	Kapell, Lauter (1970)

Mitten durch die Gemeinde Surberg – am früheren Verlauf der Grenze zwischen Bayern und Salzburg – zieht sich die Grenze zwischen dem Chiemgau und dem Rupertiwinkel. Am Ortsausgang von Lauter erinnert eine historische Grenztafel – im Jahre 2010 pünktlich zum Jubiläum „200 Jahre Rupertiwinkel bei Bayern" aufgestellt – an diese Tatsache und macht deutlich: Der westliche Gemeindeteil Surbergs gehört zum Chiemgau, der östliche zum Rupertiwinkel. Trotz jahrhundertelanger Trennung durch die Landesgrenze, und anschließend durch die Gemeinde- und Landkreisgrenze, ist die Geschichte von Surberg und Kapell nicht zu trennen.

Entstehung der Gemeinde

Die Gemeinde Kapell wurde 1818 nach der Schaffung des Landgerichts Laufen aus den Vierteln Kapell, Surberg und Lauter des Pfleggerichts Teisendorf und einigen Orten des Pfleggerichts Waging gebildet. Noch im heutigen Sprachgebrauch hat sich das „Kapeller Viertel" erhalten.

Bereits 1803 bei der Neuorganisation des Landgerichts Traunstein entstanden die Steuerdistrikte bzw. dann die Gemeinden Surberg und Thunstetten, welche dann 1820/30 zusammengefasst wurden. Nach der freiwilligen Eingemeindung nach Surberg am 1. Januar 1970 wurde Kapell – das 1968 beschloss, sich in Lauter umzubenennen –

Historische Ansichten von Surberg
Bild links oben: Postkarte Surberg ca. 1906
Bild rechts oben: alte Ansicht Kapell
Bild links Mitte: Postkarte Lauter 1935
Bild rechts Mitte: Postkarte Lauter um 1900
Bild links unten: Gemälde von Surberg mit Schulhaus nach 1910

1972 vom Landkreis Laufen in den Landkreis Traunstein übernommen. Anfang der 1970er Jahre war eine Eingemeindung in die Stadt Traunstein vorgesehen. Dank der Ausdauer und Beharrlichkeit der Gemeindeväter war der Fortbestand der Selbstständigkeit erreicht worden; sicher aber auch aufgrund des vorherigen freiwilligen Zusammenschlusses der Gemeinden Lauter und Surberg und der daraus entstandenen großen Flächengemeinde.

Die Gemeinde Surberg erhielt 1822 im neu erbauten Schulhaus in Surberg eine Gemeindekanzlei. Erstaunlicherweise wurden die Dienstgeschäfte der Gemeinde Kapell in dieser Zeit im gleichen Dienstzimmer und vom gleichen Gemeindeschreiber erledigt. Im gleichen Raum fanden auch die ständigen Sitzungen der Gemeinderäte beider Gemeinden statt. Erst ab dem Jahre 1940 bekam die Gemeinde Kapell im Zuhaus des damaligen Bürgermeisters, dem Schmidbauern in Lauter, eine eigene Kanzlei, die dann 1958 ins neu gebaute Gemeindehaus mit Kanzlei, Feuerwehrhaus und einer Wohnung verlegt wurde.

↑ Tandlmaierlinde im Winter.

Pfarrei St. Georg Surberg, Kirchen und Kapellen

Surberg gehörte zur Pfarrei Otting, Kapell zur Pfarrei Waging. Ab 1491 setzte der Pfarrer von Otting einen ständigen Kaplan in Surberg ein. 1614 wurde Surberg Vikariat, am 11. Dezember 1811 zur Pfarrei erhoben. Schon einige Jahre später, am 5. September 1816, wurde Kapell von der Pfarrei Waging in die Pfarrei Surberg umgepfarrt. Wegen der weiten Entfernung zur Pfarrkirche in Waging war es aber auch vorher schon üblich, zu Taufen, Trauungen und zum sonntäglichen Kirchgang zu der näheren Surberger Kirche zu gehen.

Infolge der Säkularisation wurde Surberg aus dem Bereich des Erzbistums Salzburg ausgegliedert und am 8. Dezember 1822 der Diözese München-Freising zugeordnet.
1922 wurden dann die Ortschaft Knappenfeld und Vorderstraß nach Surberg, 1962 Surbergbichl nach Neukirchen umgepfarrt. Seit 2008 bildet die Pfarrei Surberg mit Neukirchen einen Pfarrverband.

Der Mittelpunkt der Pfarrei ist die Pfarrkirche, die wohl aus der Kapelle der ansonsten verschwundenen Burg am Surberg entstanden ist und 1193 erstmals erwähnt wurde. Es ist nicht ganz auszuschließen, dass sich die Grafen von Surberg eine „Eigenkirche" mit dem Patronat der Ritter, dem Hl. Georg, erbauten.

In der Pfarrei Surberg engagieren sich viele Christen in verschiedenen Gremien bzw. Gruppen. So können zusätzlich zu den

↑ Blick von der Schönauer Höhe nach Lauter.

← Gemeindemeisterschaft im Eisstockschießen 2010.

← Maibaumaufstellen in Lauter 1998.

Gottesdiensten verschiedene Angebote wie Seniorennachmittage, Erstkommunion- und Firmvorbereitungsgruppen, Kinderkirche, Bibelkreis, Exerzitien im Alltag, Pfarrfest, Adventsingen, Ausflüge usw. angeboten werden.

In der Pfarrei sind auch mehrere Kapellen und Flurdenkmäler zu finden. Gerade auch in den letzten Jahren sind von Familien in verschiedenen Ortsteilen einige neue Kapellen gebaut worden. Die meist von den Vereinen organisierten Maiandachten, Marienandachten und Lichterprozessionen bei den Kapellen werden gerne besucht oder man trifft sich einfach zum gemeinsamen Rosenkranzbeten.

↑ Wohnhaus der Familie Ratzinger in Hufschlag.

Im Gemeindegebiet von Surberg, jedoch nicht zur Pfarrei Surberg gehörend, befindet sich die Ettendorfer Kirche St. Vitus und St. Anna. Sie wurde 1120 erstmals erwähnt und ist eine Filialkirche der Pfarrei St. Oswald. Der Traunsteiner Georgiritt führt alljährlich hinauf zum Ettendorfer Kircherl.

Schulgeschichte

Die Ursprünge der Surberger Schule liegen bereits im 17. Jahrhundert, als der Mesner noch unterrichtete. Das erste Schulhaus mit Lehrerwohnung wurde 1822 erbaut und die erste Lehrerstelle besetzt. Der Lehrer übernahm auch den Mesner- und oftmals Organistendienst.

Die Kapeller Kinder besuchten immer die Pfarrschule Surberg. Mitte des 19. Jahrhunderts dachte man von Seiten des Landgerichts Laufen an die Errichtung einer Schule in der Gemeinde Kapell, um den Schulweg von bis zu fünf Viertelstunden für die Kinder zu verkürzen. Im Winter waren für die Kinder bei Schneegestöber und tiefem Schnee die Wege ohne Lebensgefahr oftmals nicht gangbar. Die Schulsprengeländerung wurde dann doch verworfen und 1877 das Schulhaus um einen Schulsaal erweitert. Wegen Platzmangel wurde das Schulhaus 1910 nochmals um zwei Lehrsäle erweitert.

Durch einen umfangreichen Neubau der Schule in Surtal, inklusive Turnhalle (Surtalhalle), Sportplatz, Werkraum, Küche und allem, was dazugehört, ist die Volksschule Surberg – heute nur noch Grundschule – optimal ausgestattet. Im alten Schulhaus in Surberg ist mittlerweile – nach gründlicher Renovierung – das Rathaus mit Sitzungssaal untergebracht. Auch einige Vereine haben hier ein „Zuhause" gefunden. In der Kindertagesstätte „Moosflitzer" in Lauter werden auch die ganz Kleinen gut betreut.

Brauchtum und Vereinsleben

Auch vor dem Zusammenschluss der Gemeinden Surberg und Kapell gab es über-

↑ Surberg aus der Vogelperspektive.

← Kirche und Friedhof von Surberg.

← Zenzn-Kapelle in Geiersnest.

↗ Surberger Altar.

↗ Festtafel zur 1200-Jahr-Feier 1990.

wiegend nur gemeinsame Vereine. Sowohl bei der Gründung wie auch in den Vorstandschaften waren Surberger und Kapeller Bürger zusammen aktiv. Ausnahme: Freiwillige Feuerwehren gab es in beiden Gemeinden. Als sich 1970 die Gemeinden zusammen schlossen, bildeten nun auch die – bisher schon unter einer Fahne vereinigten – zwei Vereine eine einzige Feuerwehr.

Zum abwechslungsreichen Gemeindeleben tragen in großem Maße die rund 30 Ortsvereine und Verbände bei. So werden im Jahreslauf verschiedene Gemeinde- und Vereinsmeisterschaften ausgetragen, zahlreiche Ausflüge, Exkursionen und Vorträge angeboten sowie kulturelle Veranstaltungen und Feste organisiert. Auch in Surberg hat die Pflege alter religiöser und weltlicher Bräuche noch einen hohen Stellenwert. Beliebt sind – unter anderem – das winterliche Eisstockschießen, das mehrtägige Maifest, das Surberger Dorffest sowie der kleine aber feine „Lauterer Advent".

Surberg ist ein sympathisches Fleckchen Erde mit Charme zu Füßen der Chiemgauer-Berchtesgadener Alpenkette, das geprägt ist von einer herrlichen Kulturlandschaft, abgerundet von prächtigen Bauernhöfen. Entdecken lässt sich die Schönheit rund um Lauter und Surberg bei einer Radltour oder Wanderung, z. B. auf dem Via-Julia-Radweg, dem Jakobsweg, dem Benediktweg – zum ehemaligen Wohnhaus der Familie Ratzinger – oder auch beim „Radeln von Baum zu Baum" bis zur Tandlmaierlinde.

Maria Hollinger, Maria Zillner jun.

Taching am See

Dorfleben, Tradition und Erholung in Bilderbuchlandschaft

Taching am See in Kürze	
Landkreis	Traunstein
Einwohnerzahl	1.951
Fläche	26,76 km²
Höhe ü. NN	460 m
Eingemeindete Orte:	
Tengling (1978)	

Mit 1951 Einwohnern zählt Taching am See zu den kleineren Gemeinden im Rupertiwinkel. Von der Fläche her ist die Gemeinde mit 2600 Hektar aber relativ groß. Sie umschließt fast vollständig den 5 km langen und 1 km breiten Tachinger See und dehnt sich westlich in das ansteigende Gelände der eiszeitlichen Grund- und Seitenmoränen aus. Bis vor etwa 170 Jahren wurde die gesamte Wasserfläche des Tachinger Sees und des südlich anschließenden größeren Waginger Sees als Tachensee bezeichnet. Auf historischen Karten hat der See nicht nur seinen alten Namen sondern auch eine andere Form. Die Engstelle bei Tettenhausen entstand nämlich erst 1867, als der Spiegel beider Seen zur Trockenlegung von Feuchtwiesen und zur Gewinnung von Neuland durch Vertiefung der Ache bei Petting um fast zwei Meter abgesenkt wurde. Die gewonnene Landfläche wurde an die Bauern verteilt und der Ort Taching liegt daher heute nicht mehr unmittelbar „am See", sondern einige hundert Meter entfernt.

Geprägt vom See mit der Kirche St. Coloman am Nordende, der landwirtschaftlichen Kulturlandschaft mit 34 % Waldanteil und mit dem Blick auf die Bergsilhouette im Süden vereint die Gemeinde schon fast klischeehaft die Vorzüge des Voralpenlandes. Dieses landschaftliche Kapital ist aber auch ein beschränkender Faktor für die Entwicklung. Ein Landschaftsschutzgebiet, zwei Wasserschutzgebiete und ein großflächig nicht verplanbarer Außenbereich sind wertvolle Ressourcen, schränken aber die bauliche und gewerbliche Entwicklungsmöglichkeit stark ein. In der Flächengemeinde dominieren deshalb Landwirtschaft, Handwerk, Dienstleistung und der Fremdenverkehr. Die Gemeinde selbst betreibt einen Campingplatz und

Alte und neue Ansichten der Ortschaften Taching am See (oben) und Tengling (unten).

zwei gut besuchte Strandbäder und erfüllt damit eine Naherholungsfunktion für die Region. Vor allem im Sommer bietet die Kombination von See, Kulturlandschaft, Dorfleben und Ausflugszielen die ideale Voraussetzung für einen erholsamen und abwechslungsreichen Urlaub.

Die Gemeinde ist selbstständig, bildet aber zusammen mit Waging am See und Wonneberg eine Verwaltungsgemeinschaft mit Sitz in Waging. Sie besteht aus den zwei annähernd gleich großen und bis zur Gebietsreform eigenständigen Ortsteilen Taching und Tengling. Wie in vielen vergleichbaren Fällen war die Zusammenlegung 1978 keine Liebesheirat. Dies ist auch verständlich, weil die historische Entwicklung trotz der räumlichen Nähe verwaltungsmäßig bis dahin weitgehend getrennt verlief.

Die Region ist seit mindestens 2000 v. Chr. besiedelt. Aus der Bronzezeit werden in der Prähistorischen Staatssammlung in München Ring- und Spangenbarren aus Gessenhausen aufbewahrt. Luftbild-

aufnahmen, die bei Tengling eine Grabhügelgruppe aus der Hallstattzeit vermuten lassen, zeigen Anzeichen keltischer Besiedlung. Römische Siedlungsreste wurden in Limberg, Eging, Hucking und Mauerham gefunden. Frühmittelalterliche bajuwarische Reihengräberfriedhöfe liegen in Unter- und Obertaching, Gessenhausen, Tengling, Coloman, Eging und Mollstätten. Erstmals urkundlich erwähnt wurde Tengling 788 in der „Notitia Arnonis" des Salzburger Bischofs, während Taching 987 anlässlich einer Schenkung an das Kloster St. Peter in einer Urkunde erscheint. 1048 verschenkte Kaiser Heinrich III. einen großen Wald bei Waging an die Kirche. In dieser Urkunde wird auch erstmals der Tachinger See (lacum quendam Tachinse) genannt. Für den Namen könnte das althochdeutsche „daha" für Lehm, Ton Pate gestanden haben.

Die als Salzburger Ministerialen tätigen Tachinger hatten vom 11. bis 14. Jahrhundert ihren Sitz im Bereich des heutigen Kirchbergs. Seit dem 14. Jahrhundert gehörte Taching mit den umliegenden Weilern zum Pfleggericht Tettelham, das nachfolgend im Waginger Gericht aufging. Zusammen mit Weitgassing bildete dieses Gebiet die spätere Gemeinde Taching am See, wie sie vor der Gebietsreform bestand. Man orientierte sich also in Richtung Waging.

↑ Festzug zur Martlkapelle oberhalb von Taching am See.
↓ Die Tachinger Kirche im Frühling.

↑ Taching am See aus der Vogelperspektive.

← Die Kirche von Tengling im Winter.

← Furthmühle in Tengling.

↗ In Taching am See wird gerne „aufg'spuit".

Tengling dagegen war seit dem frühen Mittelalter durch das in Burg ansässige und überregional bedeutende Geschlecht der Sighardinger zunächst im Umkreis dominierend. Nach dem Aussterben der Tenglinger Grafen füllten die Herren von Törring mit dem Stammsitz in der heutigen Gemeinde Tittmoning das Vakuum; die Reste ihrer 1421 vom Bayernherzog Heinrich dem Reichen zerstörten Stammburg finden sich in Haus bei Tengling. Sie hatten für Törring und Tengling 1328 das Niedergericht in Form einer gebietsmäßig umschriebenen Hofmark verliehen bekommen, die Kern der Gemeinde Tengling wurde. Diese war wiederum eingefügt in das Landgericht Tittmoning – die Ausrichtung nach Norden ist damit verständlich.

Heute sind die Ortsteile aber zusammengewachsen, ohne dabei ihr dörfliches Eigenleben verloren zu haben. Die Vereine arbeiten gemeinsam und bei den politischen Entscheidungen spielt die Zugehörigkeit keine Rolle mehr. Dies dürfte auch an der sich wandelnden Bevölkerungsstruktur liegen: Die hohe Lebensqualität in Verbindung mit der heute nötigen Mobilität der Berufstätigen brachte wie in allen Tourismusgemeinden einen deutlichen Anteil an nicht mehr in der Gemeinde aufgewachsenen Bürgern mit sich.

Die landschaftlichen Vorzüge zogen, wenn auch aufgrund der Entfernung zu München

↑ Taching am See.

← Maibaumaufstellen in Tengling.

↗ Badenixen im Tachinger See.

→ Historische Feuerwehr.

nicht im selben Umfang wie am Chiemsee, immer schon Auswärtige, darunter auch einige interessante Persönlichkeiten, an. In Grendach erbaute der Architekt Dieter Sattler ein Anwesen, weil ihn die weitläufige und hügelige Landschaft an die Toskana erinnerte. In der Nachkriegszeit war er zeitweise Staatssekretär im bayerischen Kultusministerium, später Ministerialdirigent in Bonn und deutscher Botschafter beim Vatikan. In seinem Anwesen besuchte ihn unter anderem der berühmte Religionsphilosoph Romano Guardini regelmäßig. Der Maler Erwin von Kreibig, dem ein Museum im Schlossrondell in Nymphenburg gewidmet ist, lebte in Tengling am Weinberg und der Schriftsteller Eckart Peterich ist in Taching begraben.

Obwohl die Mehrzahl der berufstätigen Gemeindebürger nach auswärts pendelt, ist das Gemeindeleben vielfältig und intakt. Dafür sorgen ein im Verhältnis zur Bevölkerungszahl umfangreiches Dorfgeschehen mit über 30 Vereinen und Organisationen und ein entsprechend großes ehrenamtliches Engagement. Auch die Infrastruktur ist mit Kindergarten, Grundschule, einer gegebenen lokalen Grundversorgung, ortsansässiger Handwerkerschaft und sieben Gaststätten gut ausgebaut. Die kommunale Finanzkraft ist aufgrund fehlender großer Gewerbebetriebe zwar gering aber dank sparsamen Wirtschaftens liegt die Verschuldung unter dem Landesdurchschnitt und die Gemeinde ist handlungsfähig. Für die soziale Vernetzung wird mit einem Sozialfonds und einem Projekt Bürgerhilfe einiges getan und auch im kulturellen Bereich sind die Vereine, die Pfarrgemeinde und ehrenamtliche Helfer vorbildlich aktiv. Die Gemeinde kann sich also in der Zusammenschau von Landschaft, Infrastruktur und Dorfleben als lebendig und erlebenswert bezeichnen. Und bei der Verbindung zwischen Traditionsbewusstsein und Moderne nimmt Taching am See inzwischen sogar eine Vorreiterrolle ein: 2008 wurde hier erstmals im Rupertiwinkel eine Frau zur Bürgermeisterin gewählt.

Dr. Ludwig Haas

Teisendorf

Marktgemeinde im Herzen des Rupertiwinkels

Teisendorf in Kürze	
Landkreis	Berchtesgadener Land
Einwohnerzahl	9.177
Fläche	86,7 km²
Höhe ü. NN	431–710 m

Eingemeindete Orte: Freidling, Holzhausen, Roßdorf (1972), Rückstetten zu Oberteisendorf (1972), Oberteisendorf, Neukirchen, Weildorf (1978)

Auf halber Wegstrecke zwischen Traunstein und der deutsch-österreichischen Landesgrenze bei Salzburg, an der Bundesstraße B 304, liegt der über 1200 Jahre alte Marktflecken Teisendorf.

Die Marktgemeinde Teisendorf (431 bis 710 m ü.d.M.) im Berchtesgadener Land am Fuße des 1334 m hohen Teisenbergs gelegen, ist anerkannter Erholungsort im schönen Voralpenland des „Rupertiwinkels“ zwischen der Mozartstadt Salzburg und dem Chiemsee.

Gegründet wurde Teisendorf etwa im Jahr 700 und erstmalig 790 als „Tusindorf“ in einer Schenkungsurkunde der damaligen Bayernherzöge an die Kirche in Salzburg erwähnt.

Über 1000 Jahre lang stand dann die Region unter der Herrschaft des Erzbistums Salzburg. Erst im Jahre 1810 kam Teisendorf wieder zu Bayern.

Teisendorf als Wirtschaftsstandort

Im Rahmen der Gebietsreformen in den Jahren 1972 und 1978 wurden die ehemals selbständigen Gemeinden Oberteisendorf, Neukirchen, Weildorf, Rückstetten, Holzhausen, Roßdorf und Freidling mit Teisendorf zusammengelegt. Mit insgesamt 86,7 km² ist die Marktgemeinde Teisendorf mit 9100 Einwohnern flächenmäßig die weitaus größte Gemeinde im Landkreis Berchtesgadener Land.

Teisendorf ist eine traditionsreiche, historisch gewachsene Marktgemeinde im Herzen des „Rupertiwinkels“ und im Landesentwicklungsprogramm als Unterzentrum eingestuft. Die zentrale Lage inmitten der neu entstandenen „EUREGIO Salzburg – Berchtesgadener Land – Traunstein“ wird von anerkannten Wirtschaftsfachleuten als besonders attraktiv für die Ansiedelung von Gewerbebetrieben ein-

↑ In der Gemeinde Teisendorf findet man ein ausgeprägtes Vereinsleben und traditionelles Brauchtum.

← Teisendorf aus der Luft mit der Brauerei Wieninger im Vordergrund.

↗ Traditioneller „Leonhardiritt" am Pfingstmontag.

→ Prächtige Bauernhöfe prägen das Ortsbild von Oberteisendorf.

gestuft. Die Nähe zum Flughafen Salzburg und die Direktanbindung an die Bahnlinie München–Salzburg sind weitere Vorteile. Die Infrastruktur des Marktes Teisendorf kann in seiner Gesamtheit als sehr ausgewogen bezeichnet werden. Besonders ausgeprägt sind das mittelständische Handwerk und das breit gefächerte Dienstleistungsgewerbe. Mit 872 Gästebetten und jährlich etwa 65.000 Übernachtungen gilt der Tourismus als beachtlicher Wirtschaftsfaktor.

Die Gemeinde ist im Verlauf von Jahrhunderten organisch gewachsen. Nach wie vor findet man hier ein ausgeprägtes Gemeinschafts- und Vereinsleben mit Erhaltung und Pflege bodenständigen Brauchtums vor. Zugleich zeigt sich die Region Teisendorf mit großer Aufgeschlossenheit gegenüber neuen Entwicklungen und Herausforderungen.

Die historische Marktstraße, vor allem geprägt durch die alten, malerischen Gebäude in der Inn-Salzach-Bauweise, verkehrsberuhigt dank vorbildlich gelöster Ortsumfahrung, lädt zum gemütlichen Einkaufsbummel und Verweilen in den Gaststätten, Bistros und Cafés ein.

Fachgeschäfte und Gastronomie wechseln sich unter liebevoll erhaltenen Fassaden ab und bieten den Besuchern ein einzigartiges

RATHAUS
Rathaus-Passage

ursprüngliches Ortsbild (über 300 kostenlose Parkplätze). Und die verdiente Erfrischung gibt's bei einer Maß Bier von der örtlichen Privatbrauerei Wieninger, das nach bayerischer Tradition mit reinem Quellwasser würzig gebraut wird.

Partnerschaften

Seit 1972 besteht eine Städtepartnerschaft mit den französischen Gemeinden Bétète und Genouillac im Departement Creuse, die durch gegenseitige Besuche mit Unterbringung in Gastfamilien gepflegt wird. Im August 2008 wurde die Partnerschaft auf acht umliegende Gemeinden von Bétète ausgedehnt.

Tourismus

Viele langjährige Stammgäste sind ein Beweis dafür, dass man hier in Teisendorf und den Ortsteilen Oberteisendorf, Neukirchen und Weildorf in überwiegend privaten,

↖ Das Bergbau-Museum im Achthal: Außenansicht und Arbeiter im Museum.

← Figurengruppe vor dem Teisendorfer Rathaus.

↗ Ausgedehnte Wanderungen in die naturbelassene Umgebung von Teisendorf. Der Teisenberg ist mit 1334 m die höchste Erhebung im Rupertiwinkel.

→ Badespaß im Teisendorfer Schwimmbad.

Die verkehrsberuhigte Marktstraße lädt nicht nur am Abend zum Flanieren ein.

zertifizierten Quartieren und in persönlicher Atmosphäre einen abwechslungsreichen und preiswerten Urlaub verbringen kann. Das touristische Angebot für Urlauber erstreckt sich von Hotels, Pensionen und Gasthöfen über Privatvermieter von Ferienwohnungen und Gästezimmern bis hin zum „Urlaub auf dem Bauernhof", der in den letzten Jahren immer mehr an Bedeutung gewann. Aber auch die Tagesgäste haben Teisendorf bereits entdeckt und verbringen ihre Freizeit gerne in dieser reizvollen Umgebung. Auch optisch setzt Teisendorf in jedem Jahr neue Glanzpunkte: Die blumengeschmückten Gärten, Gasthäuser und Bauernhöfe in und um Teisendorf sowie altehrwürdige, denkmalgeschützte Häuser verleihen dem oberbayerischen Urlaubsort seinen ganz persönlichen Charme.

Einladend sind die Radwege und ein ca. 300 km umfassendes Wanderwegenetz mit herrlichen Ausblicken, u. a. nach Salzburg. Für Badefreunde gibt es beheizte Freibäder in Teisendorf und Neukirchen, jeweils idyllisch gelegen. Gerne besucht wird auch die gepflegte Kneipp-Anlage in Oberteisendorf-Kumpfmühle. Für Anhänger des Tennissports stehen Plätze in Teisendorf und Neukirchen zur Verfügung – in Neukirchen ferner ein Skilift.

Bei den kostenlosen naturkundlichen und heimatgeschichtlichen Wanderführungen kann vieles entdeckt und erfahren werden, u. a. durch Altbürgermeister Fritz Lindner. Zum Wanderführungsprogramm gehören auch Bergtouren, z. B. zum Hochstaufen (1771 m) oder zur Stoißer-Alm auf dem Teisenberg (1334 m), geeignet für Groß und Klein – als Belohnung winkt ein traumhafter Ausblick nach Salzburg und in die österreichische und bayerische Bergwelt.

Von der Tourist-Info werden interessante Ausflugsfahrten vermittelt, z. B. zum Königssee, Kehlsteinhaus, Salzbergwerk Berchtesgaden, Salzburg, Großglockner, Venedig, Wien und zu den zahlreichen Seen im Salzkammergut.

Zu den kulturellen Höhepunkten zählt der traditionelle „Leonhardiritt" am Pfingstmontag in Holzhausen. Er gilt als älteste Kulturveranstaltung im Rupertiwinkel und ist verbunden mit einer musikalischen Zeltwoche.

Besonders empfehlenswert ist ein Besuch des Bergbau-Museums in Achthal zwischen Oberteisendorf und Neukirchen. In 24 Räumen mit einer Gesamtfläche von 500 m^2 wird eine sehr interessante Ausstellung über den ehemaligen Erzabbau geboten.

Gemeinde Teisendorf

Tittmoning

Kleinod an der Salzach

Tittmoning in Kürze	
Landkreis	Traunstein
Einwohnerzahl	6.000
Fläche	72 km^2
Höhe ü. NN	372–517 m
Eingemeindete Orte:	Asten (1976), Kay (1978), Kirchheim (1972), Törring (1978)

Bereits die Menschen der Bronzezeit und später die Römer erkannten, dass es sich am Ufer der Salzach gut leben lässt: Während in der Bronzezeit das Hochplateau der Salzach besiedelt wurde, bauten 16 v. Chr. die Römer Verkehrswege aus und erschlossen das Salzachtal. Ihre Gutshöfe, die „villae rusticae" – in Kay und an der Stiftskirche St. Laurentius wurden Gebäudereste gefunden – erinnern daran. Ein vierfarbiges römisches Fußbodenmosaik aus dem 2. bis 4. Jahrhundert n. Chr. wird heute als besonderer Schatz im Heimathaus des Rupertiwinkels auf der Tittmoninger Burg verwahrt.

Doch wie entstand die Stadt Tittmoning? Um 715 n. Chr. schenkt der Agilolfinger Herzog Theotpert das Land rund um Tittmoning der Salzburger Kirche, insbesondere dem Frauenkloster Nonnberg. 788 wird „Titamaninga" in einem Salzburger Güterverzeichnis erstmals urkundlich erwähnt. 1234 lässt der Salzburger Erzbischof Eberhard II. den Ort befestigen, erhebt Tittmoning zur Stadt – als Grenzbastion zu Bayern – und gewährt Handelsprivilegien. Der älteste Teil der Burg, der Pflegerstock, wird erbaut.

Ab 1410 errichtet man die heutige Stiftskirche St. Laurentius. Der gotische Bau aus Tuffsteinquadern dominiert durch seine Größe das Stadtbild. Die ehemalige Klosterkirche Allerheiligen in der Augustinerstraße ist der einzige noch erhaltene Sakralbau der Augustiner-Eremiten in Oberbayern. 1680 lässt sich der Orden in Tittmoning nieder, ab 1681 werden die Kirche und ein Klostertrakt erbaut. 1806 wird das Kloster aufgehoben, ein Teil des Gebäudes gelangt in den Besitz der Stadt und wird erst als Mädchenschule, heutzutage als Kindergarten und „Haus des Gastes" genutzt.

Bundes-
republik
Deutschland
Freistaat
Bayern

Zahlreiche Häuser am Stadtplatz weisen noch heute mittelalterliche Bausubstanz auf, Kreuzgewölbe in einigen Kellern rund um den Stadtplatz sind keine Seltenheit. Eine Besonderheit ist die Stadtmauer aus dem 14. und 15. Jahrhundert, die nahezu vollständig erhalten ist und in einem gleichseitigen Dreieck den alten Stadtkern umschließt.

Die Stadt gehört lange Jahrhunderte zu Salzburg. Nach dem Bauernkrieg 1525/26 fällt Tittmoning kurzzeitig als Pfand an Bayern, 1611 wird die Burg nach einer Auseinandersetzung zwischen Bayerns Herzog Maximilian und dem Salzburger Erzbischof Wolf Dietrich von Raitenau von den Bayern belagert und beschädigt. 1614 werden die zerstörten Teile der Burg wieder aufgebaut. Die Salzburger Erzbischöfe nutzen die Burg gerne für kurze Jagdaufenthalte.

Als Mautstation erlangt die Stadt wirtschaftliche Bedeutung, als Zentrum des Tuchmachergewerbes (16. Jahrhundert), der Gold- und Silberschmiede, Wachsbossierer und Bildhauer feiert Tittmoning im 17. und 18. Jahrhundert seine kunsthandwerkliche Blütezeit. Auf dem 350 Meter langen und bis zu 60 Meter breiten Stadtplatz befand sich – anders als heute – eine Häuserzeile und die Katharinenkapelle in der Mitte. Noch heute nennt man den nördlichen Teil des Stadtplatzes Herrenmarkt und den südlichen Bereich Saumarkt.

Nach dem verheerenden Stadtbrand 1571 wird der Stadtplatz in der für die Region typischen Inn-Salzach-Bauweise zu einem wahren Schmuckstück ausgebaut: Die hohen Mauern, die Grabendächer und bunten, monumental wirkenden Häuserzeilen umrahmen das wunderschöne Rathaus mit seinen vergoldeten Portraitbüsten römischer Imperatoren. Die mittige Häuserzeile darf aus Feuerschutzgründen nicht mehr aufgebaut werden, die Katharinenkapelle, deren Turm als städtischer Wachturm benutzt wurde, bleibt bis 1816 stehen.

Die Stadt ist in politischer Hinsicht schon früh ein Verwaltungsmittelpunkt: In Tittmoning sind ein Pfleg-, Stadt- und Landgericht angesiedelt, gleichzeitig ist die Stadt beliebter Aufenthaltsort der Salzburger Erzbischöfe. Der Ort lebt vom Handel mit dem

↖ Plättenfahrten auf der Salzach von Tittmoning nach Burghausen.

← Grenzbrücke zwischen Ettenau im Innviertel und Tittmoning.

↖ Von oben nach unten: Die Kirchen von Kay, Kirchheim und Törring.

↗ Die Tittmoninger Burg.

↖ Der Florianibrunnen auf dem Stadtplatz von Tittmoning, im Hintergrund das Rathaus.

↑ Herrlich renovierte Fassaden am Stadtplatz, errichtet im Inn-Salzach-Baustil.

← Astener Moor mit der Pfarrkirche Mariä Himmelfahrt im Hintergrund. Das Gebiet steht unter Naturschutz und zeigt dies besonders im Frühjahr mit den Möwen und Fröschen, die hier ihr Brut- und Laichgebiet haben.

↗ Die Tittmoninger Burg, die das Heimathaus des Rupertiwinkels und das Gerbereimuseum beherbergt, ist ein beliebter Kulturschauplatz: Burghofserenaden, Ausstellungen und Theaterstücke, hier die Aufführung des „Jedermann", gehören zum kulturellen Angebot.

bäuerlichen Umland. Die Region gilt als Kornkammer des Erzstiftes Salzburg.

Lange Jahrhunderte bleibt Tittmoning von den Kriegswirren verschont. Einen großen Umbruch stellt die Zeit um 1800 für Tittmoning dar: Die österreichischen Erbfolgekriege und die napoleonischen Kriege machen den Rupertiwinkel zum Kriegsschauplatz: In nur sieben Jahren kommt es zu vier Machtübergaben, der Landstrich wird zum Spielball zwischen Bayern und Österreich. Hohe Geldforderungen der Besatzer lösen eine wirtschaftliche Krise in der Region aus.

Schließlich kommt der Rupertiwinkel durch den Frankfurter Vertrag 1810 zu Bayern, der Salzachkreis mit Salzburg als Sitz des Generalkommissariats wird gegründet. Mit dem Münchner Vertrag 1816 fällt der Rupertiwinkel endgültig Bayern zu. Die über 1.000-jährige Zugehörigkeit Tittmonings zu Salzburg gehört nun der Vergangenheit an.

Die Bürger haben neben den negativen wirtschaftlichen Auswirkungen auch mit Brandkatastrophen zu kämpfen: 1815 kommt es gleich zu zwei Großbränden; hierbei wird neben mehreren Wohnhäusern auch die Stiftskirche ein Raub der Flammen – einmalige Kunstwerke von Johann Georg Itzlfeldner und Johann Michael Rottmayr gehen verloren. Die Kirche wird im klassizistischen Stil wieder aufgebaut – 2010 kann sie ihr 600-jähriges Patrozinium feiern.

Gleichzeitig wird die Bedeutung der Stadt als Behördensitz immer geringer: Während 1811 das königlich bayerische Landgericht, vormals Pfleggericht, hier ansässig ist, wird 1818 durch die Trennung von Justiz und Verwaltung Tittmoning dem neuen Bezirksamt Laufen unterstellt, 1879 erfolgt die Abstufung vom Land- zum Amtsgericht und 1930 endet der jahrhundertealte Gerichtssitz in Tittmoning durch die Integration des Amtsgerichtes in den Laufener Gerichtsbezirk. Die Randlage an der Staatsgrenze, das Abtrennen vom Handelszentrum Salzburg – jahrhundertealte Geschäftsbeziehungen werden so unterbrochen – und die bis 1842 fehlende Brückenverbindung zu Österreich lassen Tittmoning nahezu in einen Dornröschenschlaf fallen. Bis 1841 gibt es nur einen Fährbetrieb über die Salzach, 1842 wird eine 255 Meter lange hölzerne Brücke errichtet. 1933 erfolgt der 1. Spatenstich für die neu gebaute Betonbrücke, die 1934 eingeweiht wird.

1865 wird das Tittmoninger Krankenhaus errichtet, das bis 1981 von den Niederbronner Schwestern betreut wird, seit 1982 ist in dem Gebäude ein privates Senioren- und

Pflegeheim untergebracht. 1796 wird erstmals eine Schule am Stadtplatz erwähnt, die heutige Grund- und Hauptschule wurde als Knabenschule 1876 erbaut.

1894 erfolgt der Eisenbahnanschluss Tittmonings an die Strecke München–Mühldorf–Freilassing. Aus Gründen fehlender Rentabilität wird der Personenverkehr 1969 eingestellt, der Güterverkehr kommt bis 1978 auf der Schiene direkt in die Stadt. Heute befindet sich die nächste Bahnstation in Wiesmühl.

Erst die Ansiedelung großer Betriebe im ausgehenden 20. Jahrhundert lässt die Wirtschaftskraft wieder ansteigen. Bis 1972 gehört Tittmoning zum Landkreis Laufen, durch die Gebietsreform wird die Salzachstadt dem Landkreis Traunstein angegliedert. Zwischen 1972 und 1978 fallen die ehemals eigenständigen Gemeinden Asten (erste urkundliche Nennung 1116), Törring, Kirchheim (beide entstanden vor 790) und Kay (erstmals 1124 belegt) an Tittmoning, die Stadt wird Verwaltungssitz und ist mit 72 Quadratkilometern die zweitgrößte Gemeinde des Landkreises Traunstein.

Heute hat Tittmoning gut 6.000 Einwohner. Viele innovative Betriebe zeichnen sich durch ihre Wirtschaftskraft aus und bieten sichere Arbeitsplätze. Gemeinsam mit den Nachbargemeinden Fridolfing und Kirchanschöring wird der Schulverband Salzachtal gegründet. Die vorbildliche Stadtplatzsanierung ab 1978, die 1989 vollendet wurde, legt den Grundstein für viele lobenswerte Gebäudesanierungen, die den Stadtplatz mit seinem vielfältigen Angebot an Geschäften zu einem wahren Kleinod machen. Dieses Engagement wird auch überregional belohnt: Neben dem deutschen Architektenpreis erhält die Altstadtsanierung auch den seltenen Europa-Nostra-Preis. Auch das Modellprojekt Hüttentaler Feld, ein Neubaugebiet oberhalb der Burg, wird aufgrund seiner flächensparenden und ökologischen Bauweise mit dem deutschen Architekturpreis ausgezeichnet. Die einfühlsame Dorfsanierung in Törring – weitere Maßnahmen laufen in Kay – sowie moderne Neubaugebiete machen Tittmoning zu einem Ort, an dem es sich gut leben lässt. Dazu tragen auch die intakte Natur, die einmalige Lage an der Salzach und der wunderschöne Leitgeringer See bei.

Tittmoning ist die denkmalreichste Gemeinde im Landkreis Traunstein – dieser kulturelle Reichtum stellt hohe Anforderungen an die Stadt. Kulturelle Veranstaltungen, wie der Musiksommer zwischen Inn und Salzach, das Heimathaus des Rupertiwinkels mit seinen einmaligen Sammlungen, das Gerbereimuseum und der frisch sanierte Fürstenstock auf der Burg, laden zu einem Besuch ein.

Monika Pingitzer

Tyrlaching

Die einzige Rupertiwinkel-Gemeinde im Landkreis Altötting

Tyrlaching in Kürze	
Landkreis	Altötting
Einwohnerzahl	1.020
Fläche	2.050 ha
Höhe ü. NN	max. 544 m
Eingemeindete Orte:	Loding, vorher Gem. Kay (1978)

Die Gemeinde Tyrlaching kam bei der Gebietsreform 1972 als einzige Rupertiwinkler Gemeinde aus dem aufgelösten Kreis Laufen zum Landkreis Altötting. Sie bildet mit den Gemeinden Kirchweidach, Feichten und Halsbach eine Verwaltungsgemeinschaft mit Sitz in Kirchweidach mit etwa 5.300 Bewohnern.

Kirchlich bildet Tyrlaching einen Pfarrverband mit der Pfarrei Kirchweidach und gehört damit zum neu gegründeten Dekanat Altötting (vorher Burghausen) und somit zur Diözese Passau. Gemeinde und Pfarrei Tyrlaching sind identisch. Bürgermeister der Gemeinde ist Herr Matthäus Maier (seit 1996). Die Gemeinden der Verwaltungsgemeinschaft bilden auch einen Schulverband, die Grund- und Hauptschüler sind in vier Schulhäusern untergebracht. Dank guter Busverbindungen können weiterführende Schulen in Trostberg, Traunstein, Altötting und Burghausen besucht werden. Durch die Palling-Otting-Gruppe ist die gesamte Gemeinde an die öffentliche Wasserversorgung angeschlossen, die Hauptorte Tyrlaching und Oberbuch auch an das Klärwerk in Trostberg,

Geschichte

Bereits in der Notitia Arnonis sind die beiden Kirchen der Gemeinde: Tyrlaching (als Deorlekingas) und Oberbuch (als Pohkirch) genannt. Im frühen Mittelalter waren diese Kirchen Filialen der Großpfarrei Feichten, die kirchenrechtlich zum Erzbistum Salzburg gehörte. 1599 wurde Tyrlaching Vikariat, dem um 1635 auch Oberbuch zugeteilt wurde. Es war die besondere Situation, dass der Hauptsitz der Pfarrei Feichten (und die Filiale Kirchweidach) weltlich der bayerischen

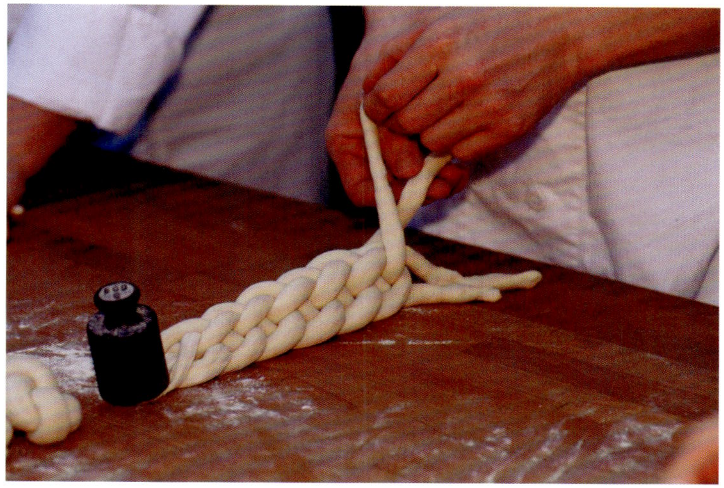

↖ Anläßlich der 1200-Jahr-Feier anno 1988 wurde in Tyrlaching erstmals ein Maibaum auf dem neu erschaffenen Dorfplatz errichtet. Der damalige Gemeindebürger Michael Raab schuf ein beeindruckendes Schnitzwerk, welches die damals in Tyrlaching vertretenen Gewerke zeigt: Z.B. Schmied und Bäcker.

↗ Die Kirche von Tyrlaching: Außenansicht (oben), Glasmalerei über dem Kriegerdenkmal (unten): Bayerische Soldaten beten zu Jesus Christus.

Herrschaft Wald unterstanden, die Filialen Tyrlaching, Oberbuch und Heiligkreuz auch weltlich zum Fürsterzbistum Salzburg gehörten. Die Grenze lief im Weiler Roidham, der zum Teil zu Oberbuch und zum anderen Teil zu Kirchweidach gehörte, auch mitten durch einen Bauernhof (Spruch: Er drischt in Salzburg und isst in Bayern).

Tyrlaching war vom 16. bis zum 18. Jahrhundert ein Amt des Gerichtsbezirkes Tittmoning und wurde zusammen mit dem Amt Mühlham verwaltet. Das Amt war in neun Obmannschaften eingeteilt, die heute teilweise zur Gemeinde Tittmoning gehören. Tyrlaching war mit 34 Anwesen das drittgrößte Dorf des Gerichtsbezirkes Tittmoning. Die Ortsteile, die zur Kirche Oberbuch gehörten, waren nicht Teil des Amtes Tyrlaching sondern gehörten zum Amt Wolfering, die gemeinsam mit Palling verwaltet wurden.

1811 wurden im Gericht Tittmoning die Steuerbezirke gebildet, aus denen 1818 die Gemeinden wurden. Sie richteten sich nicht nach den Obmannschaften sondern nach den kirchlichen Gliederungen; so kamen Tyrlaching und Oberbuch zusammen. Diese Grenzen wurden 1862 geändert, als der geteilte Weiler Roidham ganz zu Kirchweidach geschlagen wurde. 1978 kam Loding auf Wunsch der Bewohner zur viel näheren Gemeinde Tyrlaching.

Kirchlich kam Tyrlaching, nachdem es weltlich bayrisch wurde, 1822 endgültig zur Diözese Passau. 1894 wurde es eigenständige Pfarrei, Oberbuch, 1874 zur Expositur erhoben, wurde aber 1925 wieder zur Filiale abgestuft. Die ca. 1000 Bürger müssen für den Erhalt von zwei schönen Kirchen sorgen. Das Ortsbild des ca. 1 km langen Straßendorfes Tyrlaching blieb größtenteils erhalten; das Dorf wurde aber um eine Siedlung am Südrand erweitert (Bauplätze sind noch frei).

Im Außenbereich werden die meist mittelgroßen Bauernhöfe, die vielfach seit mehreren Jahrhunderten im Familienbesitz sind, größtenteils noch bewirtschaftet. Es wird sowohl Milchviehwirtschaft als auch Getreidebau betrieben, die Bodenqualität lässt beides zu. Viele kleinere Geschäfte und Handwerksbetriebe wurden im Laufe der Zeit geschlossen aber die übliche Nahversorgung ist derzeit gesichert. Das Gasthaus zur Post (es war bis 1908 tatsächlich eine

↖ Innenansicht der Kirche von Oberbuch.

↗ H storische Ansicht der Oberbucher Kirche mit Mesnerhaus und Windbrunnen. Mit Anschluss an die Wasserversorgungsgruppe Palling-Otting verschwanden die Windbrunnen.

→ Tyrlaching um 1900. Im Vordergrund das alte Schulhaus (1867 verkauft).

Rainbichl, mit 544 Metern die höchste
Stelle des Landkreises Altötting.

Postkutschenstation) kann auf eine lange Wirtshaustradition zurückblicken: 1278 wurde es erstmals urkundlich erwähnt. Durch den Ostteil der Gemeinde läuft seit 1908 die sogenannte „Tauernbahn" Mühldorf–Freilassing.

Der im Ortsteil Unterschnitzing stehende „Bahnhof Tyrlaching" wird nicht mehr betrieben, die heutige Bahnstation ist das ca. 4 km entfernte Kirchweidach.

Durch die Gemeinde führt die Staatsstraße 2106 Tittmoning–Trostberg, außerdem gibt es die Verbindungen zu den Industriestandorten Burghausen, Burgkirchen, Traunreut; daher verteilen sich die auswärts tätigen Arbeitnehmer auf die verschiedensten Standorte.

Ludwig Zellhuber

Waging am See

Die Wiege Bayerns

Waging am See in Kürze	
Landkreis	Traunstein
Einwohnerzahl	6.500
Fläche	4.890 ha
Höhe ü. NN	460–580 m
Eingemeindete Orte:	Gaden, Nirnharting (1970), Otting, Tettenhausen, Freimann (1972)

Idyllisch eingebettet in der Mulde zwischen dem verträumten Waginger See und den aussichtsreichen Höhenzügen des Wonnebergs liegt der Luftkurort Waging, 465 Meter über NN. Die Zusatzbezeichnung „am See" wurde dem Ort 1953 gestattet. Die Erhebung zum staatlich anerkannten Luftkurort bzw. Luftkurgebiet erfolgte im Dezember 1966. Die Marktgemeinde, wirtschaftlich als Kleinzentrum eingestuft, besteht aus dem Markt Waging und 108 Ortsteilen. Seit 1978 bildet die Marktgemeinde zusammen mit den Gemeinden Taching am See und Wonneberg eine Verwaltungsgemeinschaft, die ihren Sitz im Waginger Rathaus hat.

Der Name „Waging" geht zurück auf den Personen-Namen Wago (Uago). Dieser war wohl Anführer eines Personenverbandes, einer Sippe. An die Urbewohner Wagings, die Kelten, erinnern noch die Keltengräber bei Burgstall und die Keltenschanzen bei Ramgraben und Biburg. Viereckschanzen, keltische Kultplätze, waren bei Nirnharting, Waging, Biburg, Otting, Seeleiten und Taching. Auch die Römerzeit hat ihre Spuren hinterlassen. So führte eine Römerstraße vom Kastell Juvavum (Salzburg) aus über Waging. Während die Römer wegen des rauen Klimas ihre Ansiedlungen gerne in die schützenden Täler legten, ergriffen die Bajuwaren, um 500 aus dem böhmischen Kessel kommend, von den beherrschenden Höhen Besitz. Die bajuwarische Landnahme vollzog sich in geordneten Bahnen. Viele Ortsnamen dieser Gegend, so auch Waging, mit der Endung -ing weisen eindeutig auf bajuwarische Gründungen hin. Im Waginger Bajuwarenmuseum, einem archäologischen Spezialmuseum, das sich ausschließlich der bajuwarischen Zeit von 500 bis 700 n.Chr. widmet, wird das Leben dieser Epoche szenisch dargestellt. Die aus-

↖ Freizeitvergnügen am Waginger See.

← Der Ortskern von Waging.

↑ Waginger See mit Untersberg und Tennengebirge.

↗ Wallfahrtskirche Maria Mühlberg.

→ Wichtigster Wirtschaftsfaktor für Waging neben dem Tourismus: Die reiche Produktpalette des Bergader Käsewerkes.

gestellten Funde stammen aus einer Ausgrabung der Jahre 1987/88, bei der in unmittelbarer Nachbarschaft des Museums ein bajuwarisches Reihengräberfeld mit zahlreichen Grabbeigaben freigelegt wurde.

Urkundlich wird der Name zum ersten Mal in einer Salzburger Urkunde erwähnt. Um 720 schenkt der bayerische Agilolfingerherzog Theodebert dem neu gegründeten Kloster Nonnberg in Salzburg den Ort „Uaginga" im Chimigaoe (Chiemgau) mit 40 Höfen und Mühlen. Bereits 788 hieß der Ort „Wagingen". Von einem Waginger Adelsgeschlecht Hartvicus de Wagingen spricht eine Admonter Urkunde. Sein Vater war Rüdiger de Wagingen, der 1095 in der Schlacht bei Saalfeld gefallen ist. Von ungefähr 1200 bis zur Säkularisation 1803 gehörte Waging zum Erzstift Salzburg und noch bis 1816 zum Land Salzburg; die Fürsterzbischöfe waren die Landesherren.

In einer Urkunde aus dem Jahre 1385 wird Waging erstmals als „Markt" (villa Waginga) bezeichnet und seine Einwohner werden „Bürger" genannt. Ihnen wird dabei das Recht zugesprochen den Weinpreis zu bestimmen und die ortsüblichen Maße und Gewichte festzusetzen. Die ausdrückliche Erhebung zum Markt muss bereits früher stattgefunden haben – ein Beleg dafür fehlt leider. Die erteilte Marktfreiheit wird durch mehrere Privilegienbriefe in späteren Jahren bekräftigt und erweitert. Waging wurde so immer mehr zu einem wirtschaftlichen Mittelpunkt für die gesamte Region. Auch die religiösen und kirchlichen Belange banden das Umland an den Ort.

Not- und Kriegszeiten verschonten auch Waging nicht. Am 28.9.1611 brannte fast ganz Waging samt Kirche und Pfarrhof nieder. Wegen der schlechten Straßen konnte nur spät auswärtige Hilfe kommen. Die uralte Verkehrsstraße Salzburg-Waging-Wasserburg-München wurde erst 1755 erneuert; die Straße Tittmoning-Waging-Traunstein wurde 1817 angelegt, die Lokalbahn 1902 erbaut. Aber schon 1612, noch bevor die Waginger ihre Häuser in Ordnung

↖ Allee zum Mühlberg.

←↑ Segel- und Badespaß an warmen Tagen.

↗ Waginger See im abendlichen Farbenspiel.

→ Blick über den Waginger und Tachinger See nach Tettenhausen.

gebracht hatten, stand die Kirche, das Haus Gottes, in ihrer Mitte. Im österreichischen Erbfolgekrieg 1743/45 und in den napoleonischen Feldzügen um 1800 erlitten die Waginger durch Truppendurchzüge, durch Brandstiftung, Einbrüche und Plünderung großen Schaden. Manche Votivtafel in der Wallfahrtskirche „Maria Heimsuchung" auf dem Mühlberg erzählt von Schutz und Hilfe der Gottesmutter in dieser Zeit.

Nachdem Waging durch die Eingliederung in Bayern manches von seiner früheren Attraktivität eingebüßt hatte und zu einem stillen Marktflecken irgendwo zwischen Traunstein und Salzburg herabgesunken war, findet man es heute wieder unter den bedeutenden Orten des Rupertiwinkels und des Landkreises Traunstein.

Die Gulden und Kreuzer fließen den Bürgern jetzt nicht mehr vom Markt zu sondern vom Tourismus, der nach 1952 neues Leben in den alten Marktort Waging brachte. Auch manche bekannte Firma verleiht dem Namen Waging heute einen guten Klang im Chiemgau und weit darüber hinaus. Das weltbekannte Bergader-Käsewerk und der Tourismus sind die beiden wichtigsten Wirtschaftsfaktoren im Gemeindegebiet Waging.

Der Markt Waging am See, harmonisch um den historischen Kern gewachsen, liegt am

Luftaufnahme von Waging
mit dem Bergader Käsewerk.

wärmsten See Oberbayerns, inmitten einer lieblichen Voralpenlandschaft, die sich vorzüglich für Wanderungen und Ausflüge eignet. 400 Kilometer markierte Wanderwege und ein Vielfaches mehr an Radwegen – Waging ist ein Dorado für Erholungssuchende jeden Alters, ein Ort zum Ausspannen wie geschaffen. Badefreuden findet man am Waginger See von Mai bis September, große Liegewiesen und exzellente Campingplätze sind im Sommer lebhaft bevölkert. Der See und die umliegenden großen Mischwälder – Naturlandschaften als Überlebensinseln für bedrohte Tiere und Pflanzen – sorgen dafür, dass die sommerliche Hitze angenehm gemildert wird. Der See bietet alle Möglichkeiten für Wassersportler und Angler, für Schwimmer, Segler, Surfer und Ruderer. Das breite touristische Angebot wird abgerundet durch gepflegte Hotels, gutbürgerliche Gaststätten, liebevoll geführte Privatunterkünfte, „Urlaub auf dem Bauernhof" und Ferienwohnungen mit allem Komfort. 1.800 Betten stehen für Urlaubsgäste zur Verfügung. Aus dem zunächst recht laienhaft betriebenen „Fremdenverkehr" der 1950er Jahre entwickelte sich allmählich der professionell organisierte Tourismus, der heute der Marktgemeinde jährlich rund 400.000 Übernachtungen beschert, ein Gutteil davon über den Campingbereich.

Die stürmische Entwicklung der 1950er und 1960er Jahre von einem Ort mit etwas ländlichem Charakter zu einem aufstrebenden, bekannten Marktflecken und Luftkurort brachte auch eine Menge von Anforderungen und Problemen mit sich. Straßenbau, Schulhausbau, Ortsbeleuchtung, Wasserversorgung, Kanalisation, Sammelkläranlage und Erschließung von Baugebieten waren Maßnahmen, die enorme Mittel verschlangen. Das teuerste Projekt war aber wohl der Bau des Ringkanals um den Waginger See in den 1970er Jahren als wirksames Mittel gegen die Seeverschmutzung. Heute präsentiert sich Waging als gastliches Schmuckkästchen des Rupertiwinkels, das über die Jahre von den Bürgerinnen und Bürgern behutsam modernisiert und weiterentwickelt wurde und in dem die Lebensqualität für Gäste wie Einheimische höchste Priorität genießt.

Wolfgang Eckerlein

Wonneberg

Lebendiges Brauchtum auf dem Berg am See

Wonneberg in Kürze

Landkreis	Traunstein
Einwohnerzahl	1.465
Fläche	1.801 ha
Höhe ü. NN	589 m

Wonneberg – was für ein Name! Wer denkt dabei nicht unwillkürlich an Anmut, Wohlfühlen, Freude, eben an Wonne? Ja, es ist eine Wonne, in dieser von sanften Hügeln, grünen Fluren, dunklen Wäldern, schluchtartig eingeschnittenen Gräben und einsamen Mooren geprägten Landschaft vor den Bergen daheim zu sein.

Urkundlich erstmals erwähnt um das Jahr 1000 als „in uuagingariorum monte", zu Deutsch „auf dem Wagingerberg", wurde im Laufe der Jahrhunderte aus dem Wagingerberg der Wonneberg. Im geologischen Sinn hat als Wonneberg jener Höhenrücken zu gelten, den der Salzach-Saalach-Gletscher am Ende der letzten Eiszeit am südlichen Rand des Waginger Beckens zurückgelassen hat. In der Ortschaft Wald erreicht er mit 631 m Seehöhe seinen höchsten Punkt.

Von dort geht an klaren Tagen der Blick von den Bergen des Salzkammergutes über die Gipfel der Salzburger, Reichenhaller und Chiemgauer Alpen bis hin zur Kampenwand im Südwesten.

Die Gemeinde Wonneberg gibt es seit 192 Jahren. Nach der endgültigen Eingliederung (1816) der links von Saalach und Salzach gelegenen Gebiete des ehemaligen Erzstiftes Salzburg in das Königreich Bayern ging man in München daran, im „Salzburger Land" aus den bestehenden Steuerdistrikten Gemeinden zu bilden. So entstand im Jahre 1818 aus dem Steuerdistrikt Egerdach die Gemeinde Wonneberg mit Sitz in der Ortschaft gleichen Namens (heute St. Leonhard). Ihre derzeitige Ausdehnung von 18,1 qkm erreichte die Gemeinde drei Jahre später, als sich die Gemeinde Halling an Wonneberg anschloss.

↑ In Wonneberg sind alte Traditionen noch lebendig, gerne feiert man sie, fesch gekleidet in guter alter Tracht. →

← Innenansicht der spätgotischen Wallfahrtskirche zum Hl. Leonhard.

↗ Wonneberg aus der Vogelperspektive.

Heute steht der Name Wonneberg ausschließlich für die Gemeinde, eine Ortschaft mit diesem Namen gibt es nicht mehr. Im Jahre 1952 erhielt nämlich der Hauptort mit der Wallfahrtskirche, der bis dahin in die Ortsteile St. Leonhard (Kirche, Lehrerhaus und Schule) und Wonneberg (übrige Anwesen) gespalten war, den amtlichen Namen St. Leonhard am Wonneberg. Dadurch wurden die vorher häufig aufgetretenen Verwechslungen endgültig aus der Welt geschafft.

Der Auflösung knapp entgangen

Im Zuge der Landkreisreform von 1972 und der damit verbundenen Auflösung des Landkreises Laufen wurde die Gemeinde Wonneberg zusammen mit sieben anderen Rupertiwinkler Gemeinden dem Landkreis Traunstein zugeschlagen. Das tat weh, denn das bedeutete auch die Zerstückelung des Rupertiwinkels, dem sich die Wonneberger bis heute verbunden wissen. Dadurch wurde aber – das sei hier ehrlicherweise vermerkt – eine durch die Grenzlage der Gemeinde zum Landkreis Traunstein bedingte und seit langem bestehende Ausrichtung auf Traunstein als Arbeits-, Einkaufs- und Schulstadt festgeschrieben. Nun wurde die nur zehn Kilometer entfernte Kreisstadt – nach Laufen war es zweieinhalbmal so weit – auch Behördenstadt. Waren die Wonneberger – wie wohl die meisten Rupertiwinkler – von der Landkreisreform mehr oder weniger

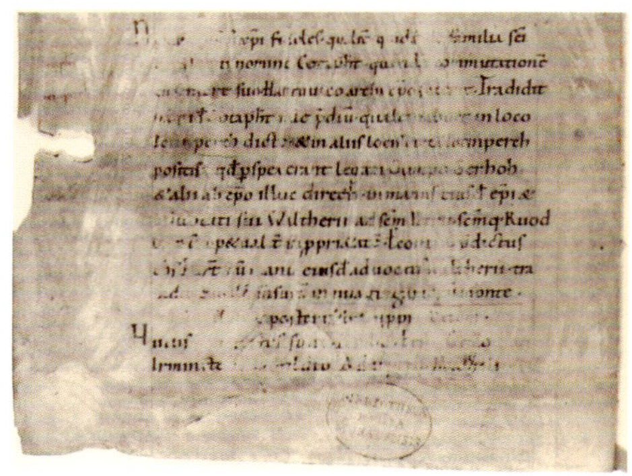

↖ Wonneberg steht als Ort mit dem höchsten Maibaum der Welt im Guinnes-Buch der Rekorde. Hier wird der Wonneberger Maibaum gerade aufgestellt.

↑ Altes Bauernhaus vor der Egerdacher Margarethenkirche.

← Stolze Reiter und prächtige Rösser beim Leonhardi-Ritt.

überrollt worden, so meldeten sie sich bei der 1978 eingeleiteten Gemeindegebietsreform lautstark zu Wort und konnten mit Hartnäckigkeit und unerschrockenem Bürgersinn, allen Auflösungsbestrebungen zum Trotz, zwischen ihren größeren Nachbarn Traunstein, Waging, Surberg und Teisendorf ihre Eigenständigkeit verteidigen. Heute besitzt Wonneberg – mit nur gut 1.400 Einwohnern drittkleinste Gemeinde im Landkreis Traunstein – in einer Verwaltungsgemeinschaft mit dem Markt Waging am See und der Gemeinde Taching am See ihre volle kommunale Souveränität.

Kirchliches – Leonhard, Nikolaus und Margarethe

Unter den 51 Ortschaften im Gemeindegebiet bildet St. Leonhard mit seinen etwa 60 Häusern, darunter Rathaus, Schule, Kindergarten und Kirche, den Gemeindemittelpunkt. Überragt wird der Ort von der stattlichen spätgotischen Wallfahrtskirche zum hl. Leonhard, welche 1496 anstelle einer kleineren Vorgängerkiche erbaut wurde. Während des Dreißigjährigen Krieges wurden Wände und Gewölbe von einem unbekannten Künstler mit frühbarocken Gemälden ausgeschmückt, welche später übertüncht und erst in den Jahren 1980 bis 1986 unter Kurat Albert Hartinger wieder freigelegt wurden. Durch diese für eine Dorfkirche äußerst seltene und aufwändige Art der Ausmalung sowie durch die spätgotischen Altarbilder (1510/13) des Laufener Meisters Gordian Guckh ist die Leonhardskirche auf dem Wonneberg bei Wallfahrern und Kunstkennern weitum bekannt. Von der seit 500 Jahren blühenden Wallfahrtstradition zum „bayerischen Herrgott" ist bis auf den heutigen Tag der Leonhardiritt geblieben, der alljährlich am oder um den Leonharditag (6. November) stattfindet.

Im Gemeindegebiet finden sich auch zwei Filialkirchen: St. Nikolaus in Kirchhalling ist eine Tochterkirche von Otting. Das spätgotische Gotteshaus erhielt 1876 eine neugotische Innenausstattung. Ein wertvoller Kreuzweg ging 1988 durch einen Kirchenraub verloren.

Die spätgotische Margarethenkirche in Egerdach ist eine Filialkirche von St. Leonhard. Der barocke Hochaltar zeigt zwischen den Figuren der hl. Margaretha und hl. Katharina ein Gemälde mit der Darstellung einer Schutzmantelmadonna.

↖ Urkunde mit der Ersterwähnung Wonnebergs.

→ Die spätgotische Margarethenkirche in Egerdach. Rechts neben der Kirche der Pavillon mit dem „Stolperstein" aus der Römerzeit.

Vom Stolperstein zum Jahrhundertfund

Im Jahre 1999 machte man bei Renovierungsarbeiten in der Egerdacher Kirche einen sensationellen Fund: Ein Steinbrocken, der vor dem Kirchenportal mit einer Spitze aus dem Boden ragte und schon manchem Kirchenbesucher zum Stolperstein geworden war, entpuppte sich nämlich bei seiner Ausgrabung als römischer Meilenstein aus dem Jahr 201 n.Chr.. Die bruchstückhaft erhaltene Inschrift auf dem Stein besagt, dass dieser unter dem römischen Kaiser Septimius Severus 18 Meilen von Salzburg entfernt (möglicherweise in Lauter) aufgestellt wurde. Die Säule ist aus Untersberger Marmor, 2,25 m hoch, hat einen Durchmesser von 0,58 m und wiegt ca. 1,8 t. Sie ist in einem eigens dafür errichteten Pavillon neben der Egerdacher Kirche zu bewundern.

Gelebtes Brauchtum und reges Vereinsleben

Auch im Computerzeitalter stehen viele Wonneberger zu ihren religiösen Wurzeln und zu den überkommenen Werten. Sichtbares Zeichen dafür ist, dass die vorhandenen, teilweise sehr alten Flurdenkmäler, wie Kapellen, Wegkreuze, Bildstöcke, Marterl und Totenbretter, nicht dem Verfall preisgegeben sondern sorgsam instand gehalten und für kommende Generationen bewahrt werden. Dass zum Dank für erlangte Hilfe in Unglück oder Krankheit sogar neue Kapellen entstehen, spricht für sich.

Wie eh und je beginnt der Tag auf dem Wonneberg um 6 Uhr früh mit dem „Tagläuten". Und keiner regt sich darüber auf. Im Übrigen werden die Brauchtumsrituale auch heute vielfach noch durch die Feste und Heilszeiten des kirchlichen Jahreskreises bestimmt. In Wonneberg sind alte Traditionen noch lebendig, gerne feiert man sie, fesch gekleidet in guter alter Tracht.

In Wonneberg ist das ganze Jahr über etwas geboten. Jedes Jahr finden sich rund 150 Termine im Veranstaltungskalender der Gemeinde – darunter Vereinsveranstaltungen, sportliche Vergleichskämpfe, Theateraufführungen, Auftritte der Leonharder Musikkapelle und Brauchtumsveranstaltungen aller Art, z.B. das Maibaumaufstellen. Im Jahre 1981 schaffte es der Wonneberger Maibaum mit einer Länge von 49 m als höchster Maibaum der Welt sogar ins Guinnessbuch der Rekorde. Was Wonneberg nicht hat, ist ein Fußballverein. Nutznießer sind die Nachbarorte, bei denen deshalb manch treffsicherer Wonneberger auf der Transferliste steht.

Karl Parzinger

Eine kleine Wappenkunde

Wappen sind kommunale Hoheitszeichen, deren Symbole entweder auf frühe Siegelabbildungen zurückgehen oder auf den Namen, auf ehemalige Grundherren, auf das den Ort bestimmende Handwerk oder auf den Naturraum Bezug nehmen. Für die Stadt Laufen ist 1315 das Wappen überliefert, für Tittmoning 1403; beide Wappen zeigen für ihre Rechtsstellung Tor und Wehrmauer. Für die Märkte Teisendorf und Waging sprechen die Kirchenpatrone St. Andreas und St. Martin. Freilassing erhielt sein Wappen anlässlich der Stadterhebung 1954. Für die 1818 gebildeten Gemeinden setzen sich erst im frühen 20. Jahrhundert Wappen durch. Diese wurden dann durch die Gemeindegebietsreform in den 1970er Jahren verändert oder ganz neu geschaffen und mit Symbolen der eingemeindeten Orte vereinigt. Hier eine alphabetisch geordnete Übersicht über die Wappen der Städte und Gemeinden des Rupertiwinkels:

Ainring
Geteilt von Gold und Schwarz; oben nebeneinander schräg gekreuzt ein schwarzer Hammer und ein schwarzer Schlägel sowie ein rot gezungter schwarzer Löwenkopf, unten ein goldener Ring mit silbernem Stein. Die Farben Schwarz und Gold sowie der Löwenkopf erinnern an die mehr als tausendjährige Zugehörigkeit des Gemeindegebietes zum Fürsterzbistum Salzburg. Hammer und Schlägel symbolisieren die Verhüttung und Verarbeitung von Erz in Hammerau. Der Ring ist dem Wappen des Pfarrers Friedrich von Rüsenbach entnommen, der 1532 den stattlichen Pfarrhof in Ainring erbauen ließ.

Anger (zwei gekreuzte silberne Schlüssel, darüber eine silberne Pilgermuschel und darunter ein silberner Raitelhaken)
Das Gemeindegebiet von Anger gehörte mit der eingegliederten ehemaligen Gemeinde Aufham von alters her bis in das 19. Jahrhundert in landesherrlicher und kirchlicher Beziehung zum Bereich der Salzburger Erzbischöfe. Anger kam schon um 1000 durch Schenkung eines Grafen an das Kloster St. Peter in Salzburg, später als Stiftungsgut an das Augustinerkloster Höglwörth. Beide Institutionen führten die Schlüssel im Wappen, die jetzt die Hauptfigur des Gemeindewappens ausmachen. Als lokales Beizeichen steht unter den Schlüsseln der Raitelhaken aus dem ehemaligen Gemeindewappen von Högl, wo seit dem 16. Jahrhundert ein bedeutender Steinbruch betrieben wurde (das Raitel diente beim Transport der Steine als Hebewerkzeug). Für Aufham steht als Lokalsymbol die Pilgermuschel, das Kennzeichen des Kirchenpatrons St. Jakob.

Freilassing (in rotem Feld, ein weißes springendes Pferd, über einem Salzfass, auf grünem Boden)
Das springende, „freigelassene" Pferd ist ein volkstümliches Sinnbild für Freiheit und den Ortsnamen Freilassing, der von „freier (nicht abgabepflichtiger) Weide" hergeleitet wird. Das goldene Salzfass symbolisiert den früheren Gemeindenamen Salzburghofen (bis 1923), die große wirtschaftliche Bedeutung des Salzhandels auf der nahen alten Salzstraße und der Salzschifffahrt auf der Salzach. Das Salzfässchen, auch Scheibe genannt, gilt zugleich als Attribut des heiligen Rupert, der um 700 die Grundlagen für das Bistum Salzburg legte, und verweist damit auf die Zugehörigkeit des so genannten Rupertiwinkels zum Erzstift Salzburg von Anfang des 10. bis Anfang des 19. Jahrhunderts. Freilassing, Mittelzentrum des Rupertiwinkels und wichtiger Grenzübergang nach Österreich, wurde 1954 zur Stadt erhoben.

Fridolfing
Auf goldenem Hintergrund erhebt sich ein schwarzer Löwe mit roter Zunge auf blauem Wellenbalken.
Fridolfing gehörte von ca. 1230 bis 1803 zum weltlichen Herrschaftsgebiet des Erzbischofs bzw. Fürsterzbischofs von Salzburg. Dies wird im Wappen durch den „Salzburger Löwen" symbolisiert. Der Wellenbalken weist darauf hin, dass die Salzach seit dem Jahre 1816 die Grenze zwischen Bayern und dem heutigen Land Salzburg bzw. Land Oberösterreich ist.

Kirchanschöring (in Blau über einer gesenkten silbernen Rose eine silberne Schalenwaage)
Die Waage, ein Attribut des heiligen Michaels, verweist auf das Patrozinium der Pfarrkirche von Kirchanschöring und deutet auch auf den Namen hin. Die heraldische Rose wurde aus dem Wappen der Herren von Lampoding übernommen, die von der Mitte des 13. bis zum Ende des 15. Jahrhunderts Inhaber des Sitzes Lampoding waren und als Schiffherren von Laufen, Richter von Mühldorf, Pfleger von Haunsberg und anderer weltlicher und geistlicher Ämter in salzburgischen Diensten nachweisbar sind. Ob es sich bei dieser weit verzweigten Familie um Nachkommen der schon im 8. und 12. Jahrhundert nach Lampoding benannten Personen handelt, bleibt unklar. Die Lampodinger Rose repräsentiert zugleich die bis zur Eingemeindung nach Kirchanschöring im Jahr 1972 selbstständige Gemeinde Lampoding.

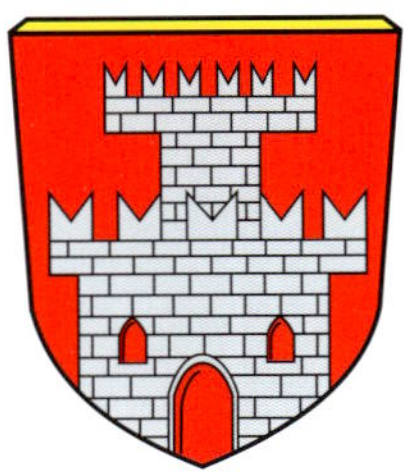

Laufen
In Rot ein gemauerter breiter silberner Torbau mit offenem Tor, darauf ein schmälerer Turm, beide gekrönt mit Schwalbenschwanzzinnen.
Das heraldische Burgsymbol verweist auf die wichtige Rolle der Stadt Laufen als befestigter Stützpunkt der Erzbischöfe von Salzburg und den seit dem 11. Jahrhundert bestehenden Stadtstatus. In der Tingierung wurden die Farben des Erzstifts Salzburg, Rot und Silber, übernommen. Ein Siegel der Stadt Laufen wird erstmals in einer Urkunde von 1280 erwähnt. Das Vorbild für das 1938 neu gestaltete Wappen war das älteste Siegel der Stadt Laufen aus dem 14. Jahrhundert; lediglich zwei Blumen beidseits des Turms wurden weggelassen.

Palling
Der Löwe entstammt dem Salzburgischen Wappen. Durch gewisse Änderung unterscheidet er sich in der Formgebung vom Salzburger Hochstiftswappen. Im Pallinger Wappen erscheint er deshalb nur halb und ohne das sogenannte Bindenschild. Das Beizeichen „zwei gekreuzte Ähren" weist auf die landwirtschaftliche Struktur des Gemeindegebietes hin.

Petting
In Blau unter einer silbernen Wellenleiste zwei schräg gestellte silberne Fische. Im Jahre 1335 wird Petting dem Kloster St. Zeno inkorporiert. Aufgrund der sehr engen Verbindungen zu dem Kloster wird in das Gemeindewappen das Bild des Klosterwappens – ein schräg gestellter Fisch – übernommen. Eine Wellenleiste, das Symbol für Wasser, dient als Hinweis auf den Waginger See, der an das Gemeindegebiet angrenzt.

Piding

Das Gemeindewappen führt Piding seit dem Jahre 1962. Die silbernen gekreuzten Schlüssel auf rotem Grund stammen aus dem Wappen des ehemaligen Augustiner-Chorherrenstifts Höglwörth bei Anger, welches einst für die Seelsorge in Piding zuständig war. Die Klosterkirche ist den Aposteln Petrus und Paulus geweiht, daher haben die Höglwörther Chorherren die „Petrusschlüssel" (Attribut des Petrus) als Stiftswappen geführt. Der schwarze Löwenkopf auf goldenem Grund erinnert an die Jahrhunderte lange Zugehörigkeit des Ortes Piding zum Land Salzburg. Es ist der Kopf des „Salzburger Löwen" aus dem Wappen des Landes Salzburg. Dieses Wappen wurde wohl von Erzbischof Philipp von Spanheim (1247–1256) eingeführt. Philipps Bruder Ulrich führte als Herzog von Kärnten den gespaltenen Schild mit drei Löwen und weißem Balken in rot als Wappen. Zur Unterscheidung vom Kärntner Wappen seines Bruders verminderte Philipp die Zahl der Löwen auf einen.

Saaldorf-Surheim

Die Gemeinde Saaldorf-Surheim besteht aus den ehemals selbständigen Gemeinden Saaldorf und Surheim. Das Gemeindegebiet wird von der Sur durchflossen. Darauf anspielend ist auch das neue Gemeindewappen von Saaldorf-Surheim durch einen Wellenschnitt geteilt worden. Im oberen Teil des Wappens weist das Wagenrad auf die Lage der Gemeinde an der historisch wichtigen Salzstraße hin. Die am Wagenrad angelegten Lilien sind die früheren Attribute des hl. Rupertus, des Bistumsheiligen von Salzburg. Die Gemeinde liegt im Rupertiwinkel und gehörte früher zum Territorium des Erzstiftes Salzburg. Das Türband ist dem Wappen der Grafen von Kuenburg entnommen, die im Gemeindegebiet begütert waren. Auf die große Rolle der Landwirtschaft im Gemeindegebiet, das zur „Kornkammer" des Erzstifts Salzburg gehörte, verweist die Ähre im unteren Teil des Wappens.

Surberg

Über rotem Schildfuß, darin drei silberne Wellenleisten, in Silber ein wachsender roter Löwe.

Im Gebiet der heutigen Gemeinde Surberg waren zwei Edelsitze, in Surberg und Hallabruck. Als Wappen der dortigen Adelsfamilien sind überliefert der rote Löwe der Surberger und die Wellenleisten der Hallabrucker. Aus diesen Bestandteilen ergibt sich ein beziehungsreiches, sachlich und heraldisch gut begründetes kommunales Hoheitszeichen.

Taching

Das Wappen enthält Elemente aus den Familienwappen zweier für das Gemeindegebiet maßgeblicher Adelsgeschlechter. Die Form und Farbgebung des Schildes mit dem roten Schildhaupt und der darunter liegenden rot-weißen Schrägteilung wurde von den Tachingern, die vom 12. bis zum 14. Jahrhundert als Ministerialen der Salzburger Erzbischöfe nachweisbar sind, abgeleitet. Die Rose im roten Schildteil stammt aus dem Wappen der Herren von Törring, das drei rote Rosen mit goldener Mitte aufweist. Die Törringer mit der mittelalterlichen Stammburg in Haus bei Tengling waren bis 1848 Inhaber der Hofmark Törring-Tengling und ab dem ausgehenden 14. Jahrhundert auch Lehensherren von Taching. Die zwei neu geschaffenen Wellenleisten im Schildhaupt stellen den Bezug zur Lage der Gemeinde am Tachinger See her.

Teisendorf

In Rot der stehende, silbern nimbierte und silbern gekleidete Hl. Andreas, der mit der Rechten das goldene Andreaskreuz hält.

Das Wappenbild stellt den Hl. Andreas dar, der auch Patron der Pfarrkirche in Teisendorf ist.

Der Zeitpunkt der Verleihung des Wappens ist nicht bekannt.

Der früheste Nachweis des Wappens befindet sich auf einem überlieferten Siegel aus dem Jahr 1683.

Die Wappenführung wurde 1836 durch das Bayerische Innenministerium genehmigt.

Tittmoning

Eine Burg mit offenem Tor, Fallgatter und zwei Zinnentürmen, zwischen ihnen ein Bischof mit Mitra, die Rechte segnend erhoben, in der Linken einen Krummstab. Die wehrhafte Burg mit offenem Tor ist ein häufig vorkommendes heraldisches Symbol für den Stadtstatus eines Gemeinwesens. Die Bischofsfigur erinnert an die frühere, bis zu Beginn des 19. Jahrhunderts andauernde Landesherrschaft der Erzbischöfe von Salzburg. Tittmoning erlangte schon um die Mitte des 13. Jahrhunderts Stadtrechte (1242 „oppidum", 1265 „civitas"). Das erste Siegel, das in Abdruck von 1299 überliefert ist, zeigt im geteilten Dreiecksschild eine die Mitra emporhaltende Hand. Die auf die frühere geistliche Landesherrschaft und nicht auf einen Ortspatron hinweisende Bischofsfigur wurde 1819 durch eine goldene Korngarbe unter einer strahlenden Sonne ersetzt. Zugleich wurde die Feldfarbe Rot (für Salzburg) in Blau (für Bayern) geändert. 1836 kehrte man unter Beibehaltung der Feldfarbe Blau zum historischen Wappen zurück.

Tyrlaching

Unter rotem Schildhaupt in Silber zwei gekreuzte schwarze Schlüssel. Wappenführung seit 1957.

Wappengeschichte: Das Wappen nimmt Bezug auf die über tausendjährige, um 790 erstmals fassbare enge Verbindung Tyrlachings zum Erzbischof von Salzburg. Tyrlaching stammte aus agilolfingischem Herzogsgut und wurde durch Schenkung Eigengut und Eigenkirche des Bischofs. Rot und Silber sind die Farben des Hochstifts Salzburg, die gekreuzten Schlüssel verweisen als Attribute des heiligen Petrus auf den Bistumspatron und die alte Grundherrschaft des Salzburger Benediktinerklosters St. Peter, die sich um das Jahr 1000 erstmals nachweisen lässt und bis in das 19. Jahrhundert Bestand hatte.

Waging (In Blau auf grünem Boden der silbern nimbierte, golden gerüstete heilige Martin auf schwarz gezäumten silbernem Ross, der mit dem silbernen Schwert ein Stück seines roten Mantels dem auf dem Boden sitzenden Bettler zuteilt).

Der heilige Martin ist der Patron der Pfarrkirche und des Ortes. Sein Bild mit dem Bettler erscheint bereits auf dem ersten bekannten Ortssiegel. Die Farbgebung geht auf die Gestaltung durch Otto Hupp zurück, der sich an einer Zeichnung aus der Zeit um 1812 orientierte. Der Markt Waging kam erst 1816 mit den salzburgischen Gerichten im Rupertiwinkel endgültig zu Bayern. Waging wird 1385 erstmals als Markt genannt. Im 16. Jahrhundert gewann der Ort als Mittelpunkt des neu geschaffenen Pfleg- und Landgerichts Waging zentralörtliche Bedeutung. In neuerer Zeit führte erst das Aufkommen des Fremdenverkehrs zum wirtschaftlichen Aufschwung im Markt.

Wonneberg

Durch die vier Bildelemente Rübe, Löwe, Dreiberg und Kette bringt das Wonneberger Wappen in Kurzfassung die Orts- und Gemeindegeschichte zum Ausdruck. Die Rübe erinnert an den mächtigen Salzburger Erzbischof Leonhard von Keutschach, der eine Rübe im Wappen führte und unter dessen Regentschaft die heutige Wallfahrtskirche erbaut wurde. Der schwarze, rotbewehrte, wachsende Salzburger Löwe verweist darauf, dass der Rupertiwinkel über tausend Jahre lang zum Erzstift Salzburg gehörte. Auch durch die Farben Schwarz und Gold wird auf diese alten Beziehungen zur Salzachstadt und ihren Erzbischöfen hingewiesen. Auf den Gemeindenamen „Wonneberg" und auf die Lage der Gemeinde im voralpinen Hügelland deutet der Dreiberg hin. Die Kette, die dem Dreiberg anliegt, ist das Attribut des hl. Leonhard, des Schutzpatrons der Gefangenen und der Haustiere, vornehmlich der Pferde, dem die Ortskirche geweiht ist. Das Wappen wurde unter Mitwirkung der beiden Wonneberger Heimatforscher Pater Bernhard Walcher, Prior von Scheyern, und Leonhard Wimmer, Finanzbeamter, von dem Augsburger Heraldiker Hermann Korhammer gestaltet. Im Jahre 1969 wurde es der Gemeinde vom bayerischen Staatsministerium des Inneren offiziell verliehen.

Bildnachweis

Umschlag: Panorama-Verlag/C. Schickmayr

Panorama-Fotos, wenn nicht anders angeführt:
Panorama-Verlag/C. Schickmayr

S. 4/5: Foto Schröck-Freudenthaler – S. 6/7: Foto Schröck-Freudenthaler, Panorama-Verlag/C. Schickmayr – S. 8/9: Panorama-Verlag/C. Schickmayr – S. 10/11: Panorama-Verlag/C. Schickmayr – S. 12: Titelseite Salzfass, Heimatkundliche Zeitschrift des historischen Vereins Rupertiwinkel e.V., Heft 1/2010, Bearbeitung: C. Schickmayr – S. 13: Gemeinde Saaldorf-Surheim, RoHa-Fotothek Fürmann, Standl, – S. 14: RoHa-Fotothek Fürmann – S. 16: RoHa-Fotothek Fürmann – S. 17: Gemeinde Kirchanschöring – S. 19: bereitgestellt durch Sieghart Schwedler, Stadtarchiv Laufen – S. 20: Bildnis Öl auf Holz um 1500, Georg Stäber, Erzabtei St. Peter, Salzburg – S. 22: Karl Dietrich, Laufen; Archiv der Akademie für Naturschutz und Landschaftspflege Bayern, zur Verfügung gestellt von Dr. Christoph Goppel – S. 23: Hans Strauß, Altötting, Sammlung Fritz Auer – S. 25: bereitgestellt durch Sieghart Schwedler, Stadtarchiv Laufen

Ainring:
S. 26/27: Eckart Schlosser, Franz Hasenöhrl – S. 28: Gerold Leukert, Golfclub BGL, Karl Helminger – S. 29: Fotostudio Jung – S. 30: RoHa-Fotothek Fürmann – S. 31: Gemeindearchiv Ainring, Stahlwerk Annahütte Max Aicher – S. 32: RoHa-Fotothek Fürmann, Dr. Johannes Kerschl

Anger:
S. 34: RoHa-Fotothek Fürmann – S. 36/37: Foto Schröck-Freudenthaler, RoHa-Fotothek Fürmann, Gemeinde Anger – S. 38/39: Foto Schröck-Freudenthaler, RoHa-Fotothek Fürmann – S. 40/41: RoHa-Fotothek Fürmann

Freilassing:
S. 42: RoHa-Fotothek Fürmann – S. 44/45: Foto Schröck-Freudenthaler, Kurt Enzinger, Stadt Freilassing – S. 46/47: Kurt Enzinger, RoHa-Fotothek Fürmann, Gisela Brechenmacher, Thomas Schwiede – S. 48/49: Tiroler Landesmuseum Ferdinandeum, Innsbruck; Robel Bahnbaumaschinen GmbH; Kurt Enzinger

Fridolfing:
S. 50: Kraus Egon, RohHa-Fotothek Fürmann – S. 52: Gemeindeverwaltung Fridolfing, Fa. Rosenberger – S. 53: RohHa-Fotothek Fürmann – S. 54: Heimatbuch Fridolfing, RoHa-Fotohek Fürmann, Panorama-Verlag/C. Schickmayr – S. 55: Reiter Web & Werbe Werkstatt – S. 56/57: Foto Schröck-Freudenthaler

Kirchanschöring:
S. 58: Foto Schröck-Freudenthaler, Gemeinde Kirchanschöring – S. 60: Heimatverein Archiv, Meindl Bekleidung – S. 61: RoHa-Fotothek Fürmann, Gemeinde Kirchanschöring – S. 62: Foto Schröck-Freudenthaler, Panorama-Verlag/C. Schickmayr – S. 63: Gemeinde Kirchanschöring, RoHa-Fotothek Fürmann – S. 64/65: RoHa-Fotothek Fürmann, Foto Schröck-Freudenthaler, Panorama-Verlag/C. Schickmayr

Laufen:
S. 66: Sieghart Schwedler, Mario Stöttner – S. 68: Manfred Fiedler, RoHa-Fotothek Fürmann, Ines Kapczynski, Harald Wessner – S. 69: Sieghard Schwedler – S. 70/71: Sieghard Schwedler, Georg Günzinger, RoHa-Fotothek Fürmann – S. 72/73: Foto Schröck-Freudenthaler

Palling:
S. 74: Lorenz Mayer, RoHa-Fotothek Fürmann – S. 76: RoHa-Fotothek Fürmann – S. 77: Heimatbühne Palling e.V. – S. 78/79: Panorama-Verlag/C. Schickmayr, Lorenz Mayer – S. 80/81: Foto Schröck-Freudenthaler

Petting:
S. 82: Franz Umheiser, RoHa-Fotothek Fürmann – S. 84/85: Franz Umheiser, Bayerisches Landesamt für Denkmalpflege/Ruppaner, RoHa-Fotothek Fürmann – S. 86/87: RoHa-Fotothek Fürmann, www.festei.de – S. 88/89: Foto Schröck-Freudenthaler

Piding:
S. 90: GTEV Piding, RoHa-Fotothek Fürmann – S. 92/93: RoHa-Fotothek Fürmann, Foto Schröck-Freudenthaler, Gemeinde Piding – S. 94: RoHa-Fotothek Fürmann – S. 95: Milchwerke Berchtesgadener Land – S. 96: Gemeinde Piding, RoHa-Fotothek Fürmann, Tourismusbüro Piding – S. 97: Ditz Lieselotte

Saaldorf-Surheim:
S. 98: Gemeinde Saaldorf-Surheim, Hannes Peschl – S. 100: Foto Schröck-Freudenthaler, Dietmar Sekanina – S. 101: RoHa-Fotothek Fürmann – S. 102: Foto Schröck-Freudenthaler, RoHa-Fotothek Fürmann – S. 103: Dietmar Sekanina, Rudi Bauer – S. 105: RoHa-Fotothek Fürmann

Surberg:
S. 109: Panorama-Verlag/C. Schickmayr, Gemeinde Surberg – S. 108/109: Gemeinde Surberg, Uli Stöhr – S. 110/111: Georg Wimmer, Rudi Irlacher, Josef Maier, Herbert Klein – S. 112/113: Foto Schröck-Freudenthaler, RoHa-Fotothek Fürmann, Maria Zillner jun., Gemeinde Surberg, Josef Maier

Taching am See:
S. 114: Ludwig Stief, Josef Mayer – S. 116/117: Gemeinde Taching am See, Dr. Ludwig Haas, Max Danzl, Ludwig Stief, Panorama-Verlag/C. Schickmayr – S. 118: Foto Schröck-Freudenthaler, Max Danzl, Josef Mayer, A. Albrecht, Dr. Ludwig Haas – S. 120/121: Ludwig Stief, Dr. Ludwig Haas, Bert de Roi

Teisendorf:
S. 122: Günter Standl, RoHa-Fotothek Fürmann – S. 124/125: Günter Standl, Foto Schröck-Freudenthaler – S. 126: RoHa-Fotothek Fürmann – S. 127: Günter Standl – S. 128: Günter Standl

Tittmoning:
S. 130: Foto Schröck-Freudenthaler, Stadt Tittmoning, RoHa-Fotothek Fürmann – S. 132/133: Stadt Tittmoning, RoHa-Fotothek Fürmann – S. 134/135: RoHa-Fotothek Fürmann – S. 136/137: Stadt Tittmoning

Tyrlaching:
S. 138: Dieter Hofmann – S. 140/141: RoHa-Fotothek Fürmann, Rosa Blech – S. 142/143: Sammlung Josef Miesgang, S. 144/145: RoHa-Fotothek Fürmann

Waging am See:
S. 146: RoHa-Fotothek Fürmann, Tourist Info Waginger See – S. 148/149: RoHa-Fotothek Fürmann, Gemeinde Waging am See, RoHa-Fotothek Fürmann, Bergader Privatkäserei – S. 150/151: Tourist Info Waginger See, RoHa-Fotothek Fürmann, Gemeinde Waging am See – S. 152/153: Foto Schröck-Freudenthaler

Wonneberg:
S. 154: Panorama-Verlag/C. Schickmayr, Gemeinde Wonneberg, S. 156: Gemeinde Wonneberg – S. 157: Foto Schröck-Freudenthaler, RoHa-Fotothek Fürmann – S. 158/159: Gemeinde Wonneberg, RoHa-Fotothek Fürmann – S. 160/161: RoHa-Fotothek Fürmann

Literaturverzeichnis:

Brugger, Walter/Dopsch, Heinz und Wild, Joachim (Hg.): Das Augustiner-Chorherrenstift Höglwörth und die Pfarreien Anger und Piding (Salzburg Studien 9). Salzburg 2008.

Dopsch, Heinz und Roth, Hans: Laufen und Oberndorf. 1250 Jahre Geschichte, Wirtschaft und Kultur an beiden Ufern der Salzach. Laufen 1998.

Eder, P. Petrus und Kronbichler, Johann: Hl. Rupert von Salzburg. Salzburg 1996.

Enzinger, Kurt und Westenthanner, Markus: Der Bayerische Rupertiwinkel. 2. Auflage Freilassing 1977.

Goerge, Dieter: Tittmoning, Castrum – Schloß – Burg, 900 Jahre Geschichte. Tittmoning, 2004

Held, Heinrich: Geschichte der Pfarrei Palling. Palling 1909.

Hirsch, Andreas: Piding, seit 200 Jahren bei Bayern. Piding 2010.

Heimatbuch der Gemeinde und Pfarrei Surberg. Surberg 1990.

Heimatbuch des Landkreises Traunstein, Bd. V: Der nördliche Rupertiwinkel, Erbe des Landkreises Laufen. Traunstein 1990.

Lang, Johannes: Geschichte von Bad Reichenhall. Bad Reichenhall 2009.

Roth, Hans und Auer, Fritz: Der Rupertiwinkel in historischen Ansichten. St. Johann im Pongau 1997.

Ruhland, Richard: Burg-Stadt-Vorstadt. Tittmoning – Stadtgeschichte um 1800. Tittmoning 2000.

Reindel-Schedl, Helga: Laufen an der Salzach. Die alt-salzburgischen Pfleggerichte Laufen, Staufeneck, Teisendorf, Tittmoning und Waging (Historischer Atlas von Bayern, Teil Altbayern, 55). München 1989.

Stadt Tittmoning: Heimatbuch Tittmoning. Tittmoning 1994.

Salzfaß, Das. Heimatkundliche Zeitschrift des Historischen Vereins Rupertiwinkel e. V., Laufen. Jg. 1 (1967) ff.

Wieser, Max: Pidinger Heimatbuch. Piding 1985.

Wieser, Max: Schloss Staufeneck. Piding 1978.